Über die Autorin:
Eva-Maria Häringer wurde 1983 in Freiburg i.Br. geboren. Als pferdeverrücktes Mädchen begann sie früh mit der Reiterei. Dieser Sport zog sich wie ein roter Faden durch ihr bisheriges Leben. Neben errungenen Turniererfolgen in Dressur, Springen und Vielseitigkeit legte die Autorin erfolgreich die Prüfung zum Trainer Leistungssport in der Sparte Jungpferdeausbildung ab.

Eva-Maria Häringer

Vier Hufe trafen mitten ins Herz

© 2019 Eva-Maria Häringer
Lektorat: Monika Praxmarer
Buchsatz: Eva-Maria Häringer
Bilder: Friedelinde Schmid-Fischer,
Alexandra Knoch, Achim Keller,
Peter Häringer, Eva-Maria Häringer
Bildbearbeitung: Eva-Maria Häringer
Umschlaggestaltung: Eva-Maria Häringer
Verlag & Druck: tredition GmbH, Hamburg

ISBN
Paperback: 978-3-7482-0398-8
Hardcover: 978-3-7482-0399-5
e-Book: 978-3-7482-0400-8

es ist
nicht nur
ein Pferd,
es ist
mein
FREUND!

Vorwort

Ein Fohlen von meiner Stute Luana, das war schon lange mein großer Wunsch. Schließlich fasste ich den Entschluss, diesen Traum zu verwirklichen. Noch bevor Luana überhaupt tragend war, begann ich mit der Planung der ersten Lebensmonate des Nachwuchses.

Mein Fohlen sollte nicht einfach auf einer Koppel abgestellt werden. Ich wollte mit ihm die Umgebung erkunden, ihm fremde Gegenstände zeigen und es neue Situationen erleben lassen. Kurz gesagt: Es sollte mit mir die Welt kennenlernen. Zusammen mit seiner routinierten und menschenbezogenen Mutter wollte ich die Weichen stellen für eine Entwicklung zu einem charakterlich gefestigten und unerschrockenen Reitpferd. Ich freute mich auf meine Aufgabe, ein Fohlen vom ersten Atemzug an zu begleiten, es heranwachsen zu sehen, es zu lehren und zu fördern. Und natürlich wollte ich es auch einfach nur lieb haben und ihm zeigen, dass der Mensch sein Freund ist.

Die Liste meiner Vorhaben war riesengroß. Deshalb fing ich an, nicht nur die Planung im Vorfeld zu notieren, sondern auch von Anfang an mir alle Erlebnisse mit dem Fohlen aufzuschreiben. Aber warum nur für mich und nicht auch für andere?

Für Menschen, die mir nahe stehen, für Fremde, die vielleicht den gleichen Traum besitzen und für diejenigen, denen es nicht vergönnt ist, solch schöne Momente selbst zu erleben.

Mit diesem Gedanken begann ich, als Luana hochtragend war, meine Geschichte niederzuschreiben. Über viele Monate hinweg durchlebte ich dabei alle Höhen und Tiefen ein zweites Mal, meist mit einem Lächeln, hin und wieder auch mit Tränen in den Augen.

Das Schreiben bereitete mir viel Freude. Zusätzlich zu dem Verfassen des Textes wollte ich ebenfalls den Buchsatz und das Layout selbst in die Hand nehmen, ohne im Vorfeld auch nur annähernd Kenntnisse über diese Vorgänge zu besitzen.

Ich habe es geschafft. Jedoch hätte ich dieses Werk ohne Unterstützung nicht verwirklichen können. Deshalb möchte ich mich bei allen, die durch ihre Hilfe zum Entstehen dieses Buches beigetragen haben, ganz herzlich bedanken.

1.

2. APRIL (GRÜNDONNERSTAG)   Der pH-Wert schlug um. Nun konnte es nicht mehr lange dauern, bis Luana ihr erstes Fohlen zur Welt brachte. Die Vorfreude war groß. Bei allen Beteiligten stieg die Spannung. Plötzlich rückte die Frage nach dem Geschlecht und der Farbe in den Hintergrund. Egal was für ein Fohlen Luana mir schenken würde, es würde toll sein. Das wusste ich. Ich würde es lieben, so viel stand fest. An erste Stelle schob sich nun ein viel wichtigerer Wunsch. Immer wieder kam mir nur eines in den Kopf: Bitte, lieber Gott, lass Luana ein gesundes, lebenswilliges Fohlen zur Welt bringen.

An diesem Tag lagen wir genau drei Wochen vor dem Geburtstermin. Früher darf ein Pferd nicht geboren werden. Es ist die Grenze zur Lebensfähigkeit. Die Lunge entwickelt sich erst sehr spät. Ungefähr drei Wochen vor dem errechneten Geburtstermin ist deren Entwicklung endgültig abgeschlossen und somit das Fohlen lebensfähig. Meistens läuft alles unproblematisch ab, auch bei Fohlen, die etwas zu früh auf die Welt kommen. Aber das ist keine Selbstverständlichkeit.

3. APRIL (KARFREITAG)   Luana wurde unruhig und bekam erste Wehen. Daraufhin beschlossen Maria, Luanas Reitbeteiligung, und ich, diese Nacht im Stall zu verbringen. Nur zur Vorsicht. Aber schließlich wollten wir nichts verpassen. Draußen war es ungemütlich, und es regnete ununterbrochen. Maria und ich wussten wohl, dass die Nächte noch richtig kalt waren. Wir zogen uns sehr warm an: Skiunterwäsche, Skihose, zwei Pullover, Winterjacke und mehrere Socken. Das Auto stellten wir direkt vor die Box. So konnten wir vom Auto aus durch das Stallfenster in die Box sehen. Dies gewährleistete Luana etwas Ruhe, und trotzdem hatten wir sie im Blick.

Das Auto war ausgestattet für die Nachtwache: zusätzliche Decken, eine Wärmflasche und ausreichend warmer Tee. Alles perfekt vorbereitet. Unseretwegen konnte es losgehen.

Luana war zwar unruhig, zeigte aber keinerlei Anzeichen sich hinzulegen. So eine Nacht kann sich ganz schön lang hinziehen, doch die Aufregung hielt uns wach. Es regnete unentwegt. Das hatte zur Folge, dass wir die Fenster im Auto geschlossen lassen mussten. Es wurde stickig, und die Scheiben beschlugen durch unseren Atem. Immer wieder waren wir gezwungen, trotz des Regens die Autotüren zu öffnen, um frische Luft herein zu lassen.

So gegen 4 Uhr beschlossen wir, uns etwas auszuruhen. Maria und ich hatten beide keine Erfahrung mit Pferdegeburten und damit, wie schnell so etwas gehen kann. Aber ich hatte immer die Aussage von Astrid im Ohr: „Bei manchen Stuten ist nach 15 Minuten alles vorbei." Astrid ist Pferdewirtschaftsmeisterin, und ich schätze ihre Erfahrung in der Pferdezucht sehr. Ich durfte nichts verpassen. Also stellte ich den Wecker auf acht Minuten, immer und immer wieder. Zum Schlafen kamen wir so nicht. Aber es tat gut, mal für einen kurzen Augenblick die Augen zu schließen. Beim Ertönen des Wecksignales reichte es aus, die Augen zu öffnen, den Kopf zu heben und die Bestätigung einzuholen, dass Luana zwar unruhig, aber doch zufrieden in ihrer Box stand. Dieses Spiel wiederholte sich, bis es hell wurde.

4. APRIL (KARSAMSTAG)   Wieder klingelte der Wecker. Ich hob meinen Kopf, um einen Blick in die Box zu werfen. Luana war mittlerweile total ruhig.

Inzwischen war es 6:45 Uhr. Auf dem Hof wurde wieder gearbeitet. Es hatte aufgehört zu regnen. Der Gabelstapler fuhr hin und her, und die Pferde warteten ungeduldig auf ihr morgendliches Heu. Es kam Unruhe im Stall auf. Maria und ich beschlossen, für ein paar Stunden nach

Hause zu fahren. Bei dem momentanen Trubel würde Luana ihr Fohlen sowieso nicht zur Welt bringen, zumal sie im Gegensatz zur letzten Nacht absolut ausgeglichen wirkte.

Auf direktem Weg fuhr ich zu meinen Eltern. Dort angekommen hatte ich Zeit, mich um meinen Hund Charlie zu kümmern. Diesen hatte ich am Abend zuvor dorthin gebracht, damit er die Nacht im warmen Haus verbringen konnte. Der 14jährige weiße Mischling bereitete mir schon seit einigen Wochen Sorgen. Immer wieder hatte der alte Rüde totale Ausfälle. Er fiel plötzlich um, mal schlimm bis zur Bewusstlosigkeit, mal nur ein kurzer Kollaps. So einen Zusammenbruch hatte er an diesem Morgen wieder gehabt. Aber diesmal erholte er sich nicht wie gewohnt relativ zeitnah. Er lag und schlief und wollte weder aufstehen noch fressen.

Es stand Ostern vor der Türe. Ich rief den Tierarzt an. Ich musste es abklären lassen, bevor die Feiertage kamen. Ich hatte Angst. Ja, Charlie war schon alt. Aber ich wollte ihn nicht verlieren, nicht jetzt und nicht so. Ich trug ihn ins Auto. Er war zu schwach zum Laufen.

Mein Vater kam mit. Wir fuhren mit zwei Autos. Schließlich konnte man auch nicht abschätzen, wann es bei Luana mit der Geburt losging. Gegebenenfalls könnte ich so direkt vom Tierarzt zu ihr in den Stall fahren.

Das Wartezimmer beim Tierarzt war voll. Anscheinend schauten auch andere Tierhalter den Feiertagen sorgenvoll entgegen. Das hieß: Geduld mitbringen. Wir setzten uns auf die letzten freien Stühle. Ich kam zur Ruhe. Ich war froh, vor dem verlängerten Wochenende noch einen Tierarzttermin bekommen zu haben. Immer wieder meldete sich Astrid mit kurzen Infos. Luana war weiterhin ruhig. Das tat mir gut.

Plötzlich klingelte mein Handy. Der Name des Anrufers leuchtete auf dem Display auf. Astrid! Ich wurde nervös. Warum rief sie an? Sonst hatte sie nur geschrieben. Was war geschehen? Vor einigen Minuten schrieb sie mir noch, es sei alles okay!

Ich nahm ab. Es war nicht Astrid, es war Ines, die älteste Tochter von Theo, dem Stallbesitzer. Sie redete kurz und hektisch. Ich solle möglichst schnell zum Stall kommen. Es sei etwas passiert. Mein Herz raste. Mit Charlie beim Tierarzt und jetzt auch noch Luana? Aber es war nicht Luana. Ihr ging es gut. Astrid war verunglückt! Sie war der Pechvogel. An diesem Tag, an dem alles schief zu laufen schien, wurde sie während einer Tierarztbehandlung von einem jungen Pferd schwer verletzt.

Der Rettungswagen war bereits vor Ort, um sie in die Uniklinik nach Freiburg zu bringen. Ines wollte mitfahren und Theo war geschäftlich unterwegs. Das bedeutete: keiner war auf dem Hof, keiner, der nach Luana schauen konnte. Diese war ruhig und unauffällig. Aber ich hatte immer noch Astrids Worte im Ohr: „Bei manchen Stuten ist nach 15 Minuten alles vorbei." Auch wenn Luana derzeit keine Anzeichen von Wehen hatte, es musste jemand in den Stall fahren und nach ihr sehen. Ich wollte nur im äußersten Notfall meinen Vater mit Charlie alleine beim Tierarzt lassen. Nicht, dass ich ihm das nicht zutraute, aber es war m e i n Hund. Ich wollte ihn nicht im Stich lassen. Ich wollte bei ihm sein, wenn es ihm nicht gut ging.

Also rief ich Maria an. Mir fiel ein Stein vom Herzen, als sie zusagte, umgehend nach Forchheim zu fahren. Von dort schrieb sie mir regelmäßig beruhigende Nachrichten aufs Handy: Luana sei unauffällig. Mittlerweile waren auch wieder Ines und ihre Schwester Celine im Stall. Die Beiden hatten zumindest schon einige Geburten miterlebt und konnten die Situation ein bisschen besser einschätzen.

Endlich fiel mein Name. Wir durften mit Charlie in den Behandlungsraum. Ich trug ihn. Er war nach wie vor zu schwach, um zu laufen. Im Untersuchungszimmer setzte ich Charlie ab. Nun wollte er stehen. Er wollte weg. Hier roch es nach Desinfektionsmitteln, Medikamenten, Spritzen und dem schrecklichen Mann im weißen Kittel.

Allein die Aufregung war zu viel für Charlie. Er verlor wieder das Bewusstsein. Regungslos lag er mit verdrehten Augen auf dem Boden. Nun musste es schnell gehen. Ich blieb bei Charlie, während mein Vater aus dem Zimmer rannte, um Hilfe zu holen. Blitzschnell war der Tierarzt da. Charlie war bereits wieder bei Bewusstsein. Aber es sah nicht gut aus. Er lag wie ein Häufchen Elend auf der Seite. Seine Körpertemperatur lag bei über 41°C, und die Blutwerte waren im Keller.

Fast zeitgleich mit Charlies erneutem Zusammenbruch bekam ich nun von Maria die Mitteilung, dass sich bei Luana erneut Wehen andeuteten.

Wir wechselten mit Charlie den Behandlungsraum. Es wurde ein EKG geschrieben. Das Ergebnis war katastrophal! Das Herz tat alles, was es konnte. Mit einer vielfachen Leistung probierte es, den kranken Hund am Leben zu halten. Wir mussten herausfinden, was er hatte. Denn eines stand fest: Lange hielt sein Herz der Überbelastung nicht mehr stand.

Zwischenzeitlich meldete sich wieder Maria. Bei Luana konnte es jederzeit losgehen. Sie hatte extreme Wehen. Ich wusste nicht mehr, was ich denken sollte. Was konnte noch alles passieren? Mein Gott, was hatte ich getan, dass alles so schief lief. Charlie schwer krank, Luana fohlte, Astrid verletzt, Theo weg. Da stellst du dein Pferd zu erfahrenen Leuten, damit bei der Geburt nichts schief gehen kann und dann so etwas.

Aber Charlie konnte ich jetzt nicht alleine lassen. Nicht jetzt und nicht so, und wenn es zur Folge hatte, dass ich die Geburt verpasste.

Plötzlich kam mir ein Geistesblitz. Ich musste Christian, den Stallbesitzer von Windenreute, anrufen. Er hatte schon mehrfach geholfen, Fohlen zur Welt zu bringen. Ihm vertraute ich. Wenn er zu Luana in den Stall fahren könnte, das würde mir viel Druck abnehmen.

Christian tat mir diesen Gefallen. Er hatte Verständnis für meine verzweifelte Situation. Er ließ seine Arbeit stehen und liegen und fuhr nach Forchheim. Er war meine Rettung. Nun konnte ich mich wieder völlig auf Charlie konzentrieren. Ich wusste, Luana war bei Christian in guten Händen.

Mittlerweile lief bei Charlie der Ultraschall. Alle Organe im Brust- und im Bauchraum wurden inspiziert. Der Verdacht lag nahe, dass sich irgendwo ein großer Tumor befand, eventuell schon geplatzt. Die Konsequenz davon durfte ich mir gar nicht ausmalen. Aber nichts. Alles sah so weit gut aus.

Aber woher kam dann diese Reaktion des Körpers? Wir mussten es schnell herausfinden. Lange konnte Charlie diesen katastrophalen

Zustand nicht mehr durchhalten. Da organisch alles so weit in Ordnung war, stellte sich der Verdacht einer Zeckenerkrankung. Daraufhin wurde Charlie in diese Richtung behandelt und zumindest für die nächste Zeit stabilisiert. Er bekam ein starkes Antibiotikum. Nun hieß es abwarten und hoffen, dass das Medikament anschlug. Das endgültige Ergebnis der Blutuntersuchung, ob die Verdachtsdiagnose Zeckenerreger korrekt war, sollten wir erst in einigen Tagen bekommen.

2.

Ich machte mich nun direkt auf den Weg zu Luana. Als ich im Stall ankam, fand ich eine immer noch sehr unruhige Stute vor. Luana rannte im Kreis, stampfte, scharrte, schlug sich gegen den Bauch, scheuerte sich das Hinterteil, riss die Augen auf und flehmte. Aber die anderen beruhigten mich. Das sei alles kein Vergleich zu dem, was vor ein bis zwei Stunden los gewesen war. Die Wehen hatten also wieder nachgelassen. Der extreme Wehenschub war ein Fehlalarm gewesen. Nach kürzester Zeit beruhigte sich Luana, kaute genüsslich an ihrem Heu und legte sich sogar nochmal schlafen. Nicht nur wir, sondern auch sie war geschafft von der neuen und ungewohnten Situation. Christian verabschiedete sich und fuhr wieder nach Hause. Auch wenn wir ihn nicht gebraucht hatten, ich war ihm unendlich dankbar, dass er gekommen war.

Jetzt, da Luana wieder ruhig und zufrieden wirkte, versuchten wir, die Situation so normal wie möglich zu gestalten. Nach wie vor war es kalt und ungemütlich. Ich half Celine bei der Stallarbeit. Die körperliche Aktivität wärmte mich auf. Immer wieder warf ich einen kurzen

Blick in die Abfohlbox zu Luana. Alles war okay. Ein paar Mal beobachte ich noch kleinere Wehenschübe, aber nichts, was auf eine zeitnahe Geburt hindeutete. Wie lange würde Luana uns noch warten lassen? Eine Stute kann ohne Probleme den Zeitpunkt der Geburt über mehrere Stunden hinaus schieben.

Gegen Abend lief bei Luana Milch aus dem Euter. Nun war ich sicher, der Zeitpunkt stand kurz bevor, vermutlich diese Nacht. Trotzdem fuhren Maria und ich in eine nahe gelegene Pizzeria. Wir brauchten dringend etwas Warmes zu essen. Das kalte Wetter und der Schlafmangel steckten uns in den Knochen. Wir mussten Energie tanken vor der nächsten Nachtwache. Etliche Male schauten wir auf unsere Handys. Hatten wir Empfang? Konnte man uns überhaupt erreichen? Es schien alles in Ordnung zu sein. Aber natürlich beeilten wir uns.

Zurück auf dem Hof machte uns Theo ein großzügiges Angebot. Wir konnten den Abend im Haus verbringen. Er stellte uns den Bildschirm der Kamera, welche er zur Sicherheit in der Abfohlbox von Luana montiert hatte, ins Wohnzimmer.

Zusammen mit Celine saßen wir auf dem Sofa und schalteten den Fernseher ein. Es kam nichts Vernünftiges. Aber das war nebensächlich. Wir waren froh, in der Wärme zu sein.

Schließlich entschieden wir uns für eine der vielen Casting Shows, immer mit einem Auge auf den Monitor von Luanas Kamera. Sie lief unruhig in ihrer Box umher. Aber genauso wie in den letzten 24 Stunden passierte nichts, und wir warteten vergebens. Doch wir waren viel relaxter als die Nacht zuvor. Luana hatte uns schon ein paar Mal an der Nase herum geführt.

Kurz nach 23:30 Uhr zogen wir uns in ein kleines Zimmer zurück, welches Theo uns für die Nacht zur Verfügung gestellt hatte. Wir wollten im Stundentakt draußen im Stall nach dem Rechten sehen. Wie schon gesagt, wir waren entspannter als die Nacht zuvor. Außerdem war noch die Kamera da.

Kurz bevor sich unser Wecker das erste Mal meldete, klingelte das Handy. Wir waren beide sofort hell wach, und wir wussten ganz genau, was das bedeutete. Der Anruf war von Celine. Sie sagte nur drei Worte: „Es geht los!" Unsere Klamotten hatten wir nicht ausgezogen, das hieß, nur Schuhe und Jacke anziehen und Abmarsch. Keine zwei Minuten später öffneten wir die Stalltüre.

Theo saß tiefenentspannt auf einem Hocker in der Stallgasse. Für ihn war eine Geburt Routine. Celine stand vor der geschlossenen Boxentür und spähte durch die Gitterstäbe. Luana lag ganz flach auf dem Boden. Die Fruchtblase war deutlich zu sehen. Mein Blick sprang für einen Augenblick weg von ihr, ich sah auf die Uhr, 0:30 Uhr, genau halb eins. Es war bereits Sonntag – Ostersonntag. Wie schön, Luana würde ein Osterlämmchen zur Welt bringen!

Aus der Box hörte man erbärmliches Stöhnen. Luana stand voll in den Presswehen. Die Arme, dachte ich. Aber das wird sie schon packen. Luana ist stark.

Es dauerte nicht lange, da konnte man einen kleinen Huf erkennen. Luana presste das Beinchen weiter hinaus, sie stöhnte, sie brachte Töne aus ihrem Mund, so etwas hatte ich von einem Pferd niemals zuvor gehört. Für mich unerwartet stand Luana etliche Male auf, drehte sich ein- oder zweimal im Kreis und legte sich wieder hin. Stillstand. Minutenlang passierte nichts. Dann, mit einem Male, kam das zweite Beinchen. Ich war erleichtert.

Nun ging das Spiel wieder von vorne los: aufstehen, im Kreis drehen, hinlegen. Wann immer Luana dieses Ritual ausführte, betete ich, sie würde wieder einen guten Platz zum Liegen finden. Unerfahrene Stuten, so wie Luana eine war, können sich schon mal zu dicht an die Wand legen. Das wäre gefährlich für das Fohlen. Aber Luana schien die Situation im Griff zu haben. Wieder Stillstand. Ich wurde nervös. Was, wenn der Kopf nicht an der richtigen Stelle lag. Der Kopf eines Fohlens muss bei der Geburt auf den Vorderbeinen liegen. Sonst hat die Stute keine Chance, es aus sich heraus zu bekommen.

Zwischenzeitlich erhob sich auch Theo von seinem Hocker. Es ist keine Seltenheit, dass Erstlingsgeburten etwas länger dauern. Aber er wollte auf Nummer sicher gehen. Er wusch sich die Hände und trat in die Box. Vorsichtig fasste er mit einer Hand in Luanas Scheide. Der Kopf war da! Alles okay! Die langen Pausen zwischendurch hatten nichts weiter zu bedeuten. Luana brauchte sie, um Kraft zu tanken.

Theo setzte sich wieder auf seinen Platz in der Stallgasse. Das Stöhnen der Stute wurde lauter, man konnte schon sagen, es waren Schreie, als sie den Kopf heraus presste. Sie tat mir so leid, sie hatte solche Schmerzen. In diesem Moment, in dem Luana so kämpfte, kam ich mir ganz schön egoistisch vor. Ich war schuld daran. Ich wollte, dass sie mir ein Fohlen schenkte. Aber sie würde es packen. Sie machte alles so perfekt bis hierhin.

Unterdessen ging Theo wieder in die Box. Er beschloss, Luana zu helfen. Sie quälte sich, und es stand der schwierigste Moment bevor: Die Schulter, die breiteste Stelle, die bei der Geburt irgendwie nach draußen muss. Theo fasste das Fohlen an beiden Vorderbeinen und begann gefühlvoll, aber bestimmt und immer nur im

Rhythmus der Wehen zu ziehen. Er redete ihr gut zu, er motivierte sie, immer weiter zu machen. Noch ein- oder zweimal Pressen, dann hatte sie es geschafft.

Und so war es. Kaum war die breite Schulter durch den Geburtskanal, rutschte der Rest geradezu von alleine ins Stroh. Die Fruchtblase war bereits gerissen, und die Nase des kleinen Fohlens war frei. Es hob sofort den Kopf.

Wenngleich es auch Luanas erstes Fohlen war und viele Erstgebärende anfänglich die neue Situation nicht einordnen können, diese Stute wusste sofort, was geschehen war. In dem Moment waren alle Strapazen der vergangenen Minuten vergessen. Immer noch flach am Boden liegend begrüßte Luana ihren Nachwuchs mit einem mehrmaligen, lautstarken, freundlichen Brummeln. Nun hob auch sie den Kopf und sah zum ersten Mal ihr Kind. Sie sah in die Augen des Wesens, welches in den nächsten Monaten ihr Leben bestimmen würde.

Ich blickte auf die Uhr. Inzwischen war es 1:15 Uhr. Eine dreiviertel Stunde hatte Luana gebraucht, um das Fohlen zur Welt zu bringen. Sie hatte es geschafft. Beide hatten es geschafft. Theo, der sich noch immer in der Box befand, hob den Schweif des Fohlens: Es war ein Hengst! Ein kleiner brauner Hengst.

Herzlich willkommen, Inspector Barnaby!

Luana stand auf. Durch diese Bewegung löste sich die Nachgeburt und ging bilderbuchmäßig in einem Stück ab. Die Nabelschnur war gerissen. Der kleine Barny unternahm bereits die ersten Versuche aufzustehen.

Barny - so wollte ich ihn liebevoll nennen. Seinen kompletten Namen Inspector Barnaby verdankte er dem Fernsehhelden aus der gleichnamigen Krimiserie. Dieser Name steht für: Intelligenz, Gelehrigkeit, Übersicht, Geschick und Weitsicht. Alles Eigenschaften, die ich ihm für seinen weiteren Lebensweg wünschte.

Barnys langen, staksigen Beine wollten ihm noch nicht so ganz gehorchen. Unzählige Male stemmte er sich in die Höhe, verlor das Gleichgewicht und landete wieder auf dem Boden. Zum Glück ist das nicht anders als bei kleinen Kindern. Sie fallen hin, ohne sich wehzutun, und stehen wieder auf.

Es war faszinierend zu beobachten, wie viel Lebenskraft in diesem neugeborenen Fohlen steckte. Gerade einmal ein paar Minuten auf der Welt, und schon brachte es all seine Energie auf, um auf eigenen Beinchen zu stehen. Luana kommentierte jeden gescheiterten Versuch mit einem liebevollen Brummeln. Ihr Kopf war stets über dem kleinen Barny. In jeder Sekunde, in der dieser kleine Kerl mal keinen Versuch unternahm aufzustehen, schleckte sie ihn liebevoll ab.

Endlich. Barny hatte es geschafft. Er stand sicher auf allen Vieren. Sogleich versuchte er zu laufen. Sein Instinkt zog ihn zur überlebenswichtigen Muttermilch. Das Laufen war gar nicht so einfach, hatte er es doch gerade erst geschafft, alle vier Füße als sichere Stütze zu nutzen, und nun sollte er einen davon wieder in die Höhe nehmen. Aber es klappte von Minute zu Minute besser. Vor allem das Aufstehen klappte besser. So hinderte ihn das Hinfallen auch nicht mehr an einem neuen Gehversuch. Durch die Bewegung kam sein gesamter Organismus in Schwung und so begann Barny, das Darmpech herauszuschieben.

Alles lief perfekt trotz der knapp drei Wochen, die er zu früh zur Welt gekommen war. Wenn er nun noch etwas Muttermilch trinken würde, wäre er für die ersten Stunden versorgt. Dies gestaltete sich aber schwieriger als gedacht. Barny war nicht das Problem. Er war fit und versuchte eisern, in Richtung Euter zu kommen. Luana war auch sehr lieb zu ihm. Oftmals verweigern die Stuten durch Ausschlagen die erste Milch. Nein, Luana war z u l i e b. Sie bemutterte ihr neugeborenes Kind und schleckte es ab. Pausenlos musste sie ihren Kopf über ihren Schützling halten. Barny machte einen Schritt nach vorne in Richtung Euter, Luana ging einen Schritt zurück. So konnte das nichts werden.

Theo erklärte uns, wir müssten Luana festhalten und zur Sicherheit einen Huf hochheben. So funktionierte es endlich. Beim ersten Kontakt von Zitze und Fohlenmaul zuckte Luana quietschend zusammen. Das erste Andocken war schmerzhaft. Dann aber blieb sie ruhig stehen. Nun hatte sie es begriffen. Jetzt konnten wir den Huf ablassen und auch das Stallhalfter ausziehen. Bewegungslos wartete Luana, bis der Kleine fertig getrunken hatte. Dann legte er sich hin. Eigentlich war es mehr ein Umfallen. So ganz konnte Barny seine Bewegungen noch nicht koordinieren.

Eine Weile schauten Maria und ich diesem Zyklus noch zu: aufstehen, trinken, umfallen, schlafen. Luana war super. Solange Barny lag, schleckte sie ihn ab, stand er auf, blieb sie ganz ruhig stehen und ließ ihn trinken.

Mittlerweile war es 4 Uhr. Theo und Celine schliefen schon längst wieder. Auch Maria und ich verabschiedeten uns allmählich aus dem Stall. Wir ließen das Licht brennen. Zu groß war meine Sorge, Luana könnte im Dunkeln versehentlich auf ihr Fohlen treten. Maria fuhr nach Hause. Ich hingegen blieb in Forchheim. Für zwei Stunden legte ich mich hin, dann wollte ich wieder nach Luana und Barny sehen. Ich stellte den Wecker auf 6 Uhr. Überraschenderweise schlief ich sofort ein.

3.

5. APRIL (OSTERSONNTAG)   Der Wecker klingelte. Ich traute meinen Ohren nicht. Schon zwei Stunden vorbei? Tatsächlich hatte ich richtig geschlafen. Und ich war fit. Fast unglaublich nach dem geringen Schlafpensum der letzten Tage. Schnell zog ich Schuhe und Jacke an und ging nach draußen.

Es war noch mucksmäuschenstill. Leise betrat ich den Stall. Da stand er. Bei Tageslicht und mit trockenem Fell sah er noch viel schöner aus. Eine wahre Erscheinung. Edel, modern, langbeinig. Ein zukünftiger Champion. Seinen wunderschönen braunen Kopf zierte eine Flocke. Diese konnte nicht zentraler sitzen. Außer der Flocke wies er noch ein weiteres Abzeichen auf. Eine weiße Fessel hinten rechts. Luana hätte mir kein schöneres Fohlen schenken können.

Ich setzte mich zu den beiden in die Box. Barny war mittlerweile erstaunlich sicher auf den Beinen. Er kam auf mich zu. Ganz schön neugierig, der Kleine. Er begutachtete mich. Dann ließ er sich neben mir ins Stroh fallen. Ich rückte ein Stück zu ihm auf, so, dass er seinen Kopf auf meinen Schoß legen konnte. Das tat er und schlief ein. Luana beobachte das Ganze. Es war

okay für sie. Sie kannte mich, und sie wusste, ich würde ihrem Baby nichts antun. Die Zeit verging wie im Flug. Es war so schön, die beiden zu beobachten.

Nach ein paar Stunden, zu einer etwas christlicheren Zeit, rief ich den Tierarzt an und bestellte ihn zur Erstversorgung. Wir vereinbarten einen Termin für den Nachmittag. Frisch geborene Fohlen müssen innerhalb der ersten 24 Stunden einem Tierarzt vorgestellt werden. Dieser führt einen kurzen Rundum-Check durch, sowohl bei dem Fohlen als auch bei der Stute. Zusätzlich kontrolliert er die Nachgeburt, ob sie komplett abgegangen ist. Ein Fohlen, welches grundsätzlich ganz und gar ohne Immunabwehr zur Welt kommt, holt sich zum einen Antikörper über die Muttermilch, aber es benötigt zum anderen zusätzlich vom Tierarzt lebenswichtige Abwehrstoffe. Umgangssprachlich spricht man davon, dass das Fohlen geimpft wird.

Die Sonne schien. Es war perfektes Osterwetter. Ungeduldig wartete ich auf den Tierarzt. Endlich fuhr er vor. Nun war ich gespannt, was er sagen würde. Sorgen machte ich mir hingegen keine. Barny war quietschfidel. Wir gingen in den Stall. Da stand der kleine Zwerg. Er war wirklich klein, aber schließlich auch drei Wochen zu früh geboren. Die Größe tat seiner Erscheinung keinen Abbruch. Auch der Tierarzt bestätigte, Barny sei gut entwickelt und topfit. Er trank extrem viel, aber das tat ihm gut, und Luana hatte genügend Milch.

Der kleine Hengst war gerade mal ein paar Stunden alt, veranstaltete jedoch beim Impfen einen ganz schönen Zinnober. Er sprang in die Luft, warf sich gegen die Wand, schrie und strampelte, was das Zeug hielt. Ich hatte Mühe, ihn zu bändigen. Aber mit vereinten Kräften schafften wir es. Zufrieden mit allem verließ der Tierarzt wieder den Hof.

Auch ich setzte mich unverzüglich ins Auto und fuhr zu dem kranken Charlie. Ihm galten nun meine Gedanken. Während meiner Abwesenheit war er wieder bei meinen Eltern untergebracht. Beim Öffnen der Haustüre kam er mir schwanzwedelnd entgegen. Ich war sehr erleichtert. Sein Zustand hatte sich erheblich verbessert. Die Medikamente schienen anzuschlagen.

6. APRIL (OSTERMONTAG)   Luana und Barny standen noch immer in der Abfohlbox. Diese hatte als einzige eine Kameraüberwachung und musste für die nächste Fohlengeburt geräumt und vorbereitet werden. Vor dem Umzug ins neue Quartier entfernte Theo eine Trennwand zwischen zwei benachbarten Boxen, damit Stute und Fohlen weiterhin ausreichend Platz zu Verfügung stand. Der Wechsel von der einen

31

in die andere Box verlief unproblematisch. Als ich in den Stall kam, war alles bereits geschehen. Der Kleine lag in seiner neuen Umgebung und schlief zufrieden im Stroh.

Die Sonne schien, es war warm. Theo und ich beschlossen, Luana und Barny für ein paar Minuten auf die Koppel zu stellen. So konnten beide sich etwas die Beine vertreten. In meiner züchterischen Unwissenheit glaubte ich, Barny würde Luana schon aus der Box hinterherlaufen. Falsch, das musste er erst noch lernen. Zumindest durch die ganze Stallgasse bis ins Freie musste ich Barny vor Luana herschieben. Das war Schwerstarbeit. Genauso wie beim Impfen hatte der kleine Teufel seinen eigenen Willen, auch wenn er erst etwas mehr als 24 Stunden alt war. Er stemmte sich mit aller Gewalt gegen mich. Wahrscheinlich dachte er, ich brächte ihn fort von seiner Mama. Luana kommentierte dies wieder mit einem aufgeregten Brummeln. Ihr war diese Situation anscheinend auch nicht geheuer. Erschöpft ließ ich ihn los, als wir endlich im Freien angekommen waren. Nun lief er schön neben seiner Mutter her.

Die Koppel war nur wenige Meter vom Stall entfernt. Sie hatte zusätzlich zum Stromband noch einen Bretterzaum als Begrenzung ringsherum. Fohlen kennen keinen Strom. Es wäre verantwortungslos, sie einfach ohne optischen

Rahmen auf der Wiese abzustellen. Barny gefiel der Ausflug ins Grüne. Er war sehr interessiert an seiner Umgebung. Mit sämtlichen Sinnen musste er alles untersuchen: das Gras, die Blumen, die Blätter, die Erde. Er rannte nicht, wie es die meisten Fohlen schon von Anfang an tun. Er machte auch keine Bocksprünge. Er lief gemütlich im Schritt über die Koppel und schaute sich alles mit großem Interesse haargenau an. Von diesem Tag an war klar: Barny war kein verrücktes Huhn. Er war ein Professor.

7. APRIL   An diesem Tag kam der Hufschmied, natürlich nur zur Kontrolle. Fohlen sollten in den ersten Tagen gleich einem Schmied vorgestellt werden. So kann bei möglichen Fehlstellungen sofort reagiert und nach einer Lösung gesucht werden. Aber bei Barny gab es keinen Grund zur Sorge. Der erst drei Tage alte Hengst hatte bereits einen prima Stand: mit den Vorderbeinen zwar noch etwas steil, aber das war ganz normal bei neugeborenen Fohlen. Die Sehnen und Bänder müssen sich erst noch etwas dehnen. Dadurch kommt das Fesselgelenk weiter nach unten und der Winkel zum Boden wird geringer. Der Hufschmied empfahl uns, mit Barny auf hartem Boden spazieren zu gehen, um diesen Prozess zu verkürzen. Nur ein paar Minuten täglich, das würde ausreichen.

Nachdem der Hufschmied vom Hof gefahren war, stellten wir Klein Barny zusammen mit seiner Mama wieder auf die Koppel. Er vollzog das gleiche Spiel wie am Tag zuvor. Er machte keinerlei Anstalten zu toben. Aber er inspizierte alles haargenau, so auch den Zaun. Wir ahnten, was gleich passieren würde, griffen jedoch nicht ein. Wir hielten es für wichtig, dass das Fohlen möglichst früh Bekanntschaft mit dem Strom machte. Doch was dann geschah, konnte keiner vorausahnen.

Barny kam an den Stromzaun, erschrak und rannte panisch in die entgegengesetzte Richtung. Dummerweise befand sich aber genau dort ein Erdhaufen. Ein unbefestigter, großer, vielleicht 2,50 m hoher Erdhaufen. Jedes andere Pferd oder auch Fohlen hätte einen Bogen um ihn gemacht, aber nicht Barny. Er meinte, die Vielseitigkeits-Gene von seinen Eltern seien gut genug, um mit drei Tagen bereits einen Kletterhang zu bezwingen. Er rannte in gestrecktem Galopp auf diesen fast senkrecht wirkenden Berg zu. So schnell konnte man nicht schauen, da war Barny bereits oben auf den Kamm des Hügels. Dort verlor er im tiefen Boden den Halt. Sein Schwung trieb ihn vorwärts, aber seine langen, dünnen Beinchen kamen nicht schnell genug hinterher. Er purzelte auf der hinteren Wallseite herunter. Es schepperte. Barny war verschwunden.

Ich lief los. Ich rannte, so schnell ich konnte, über die Koppel und um den Hügel herum. Da stand der Pechvogel, wie versteinert außerhalb des Zauns. Er bewegte sich nicht, die Augen weit aufgerissenen, Herz und Lunge pumpten vor Angst. Ich schlüpfte durch den Zaun. An den Strom dachte ich in diesem Moment nicht. Ich spürte ihn auch nicht. Oder nahm ihn nicht wahr.

Langsam ging ich auf Barny zu. Ich wollte ihn nicht noch mehr erschrecken. Vorsichtig begann ich ihn zu streicheln. Auf den ersten Blick fand ich keine Verletzung. Auch beim Abtasten stellte ich keine Veränderungen fest. Gott sei Dank! Ich war sehr erleichtert. Da kam auch schon Ines hinzu. Gemeinsam schoben wir das Fohlen so weit am Koppelzaun entlang, bis wir an dem Erdhügel vorbei waren. Dort blieben wir stehen. Wir wussten nicht, wie wir den kleinen Kerl wieder in die Koppel bekommen sollten. Aber zumindest verdeckte hier der Erdhügel nicht mehr die Sicht, und Mutter und Kind konnten sich sehen.

Luana hatte ihren Sohn allerdings noch gar nicht entdeckt. In meinem ganzen Leben hatte ich noch nie ein Pferd so in Panik gesehen. Luana drehte komplett durch. Sie rannte schreiend die Koppel auf und ab und suchte ihr Baby. Die Augen waren weit aufgerissen. Die Nüstern waren so groß, dass man ohne Probleme einen Tennisball hätte hineinstecken können. Das Fell klebte schweißnass am ganzen Körper. Dort, wo es durch den Bewegungsablauf zu Reibungen kam, schäumte der Schweiß auf.

Luana war eine Furie. Niemand traute sich, sie einzufangen. Keines der Mädchen, die am Rand standen, wagte sich in die Koppel. Sie hatten Angst, Luana würde sie umrennen. Also schlüpfte ich selbst durch den Zaun und ging langsam und ruhig auf sie zu. Barny, der nach wie vor keine Anstalten machte, sich freiwillig zu bewegen, ließ ich bei Ines zurück. Ich sprach Luana an. Ich musste immer wieder abwarten, bis sie kurz mit dem Wiehern aussetzte, sonst hörte sie mich nicht. Sie kannte mich, und sie kannte meine Stimme. Wenn ich sie nicht einfangen konnte, wer sonst? Und tatsächlich. Sie nahm mich wahr. Nun konnte ich ihr den Weg abschneiden, ohne Gefahr zu laufen, überrannt zu werden.

Es funktionierte. Luana blieb hilfesuchend vor mir stehen. Während ich die letzten Schritte auf sie zu ging, sprach ich besänftigend auf sie ein. Ich fasste sie am Halfter. Sie blieb ruhig, nun ja, das was man an Ruhe von einer Mutter verlangen kann, die glaubt, sie habe ihr drei Tage altes Kind verloren. Ich führte Luana zu der Stelle am Zaun, hinter der Barny stand. Aber auch jetzt dauerte es noch eine ganze Weile, bis Luana ihr Fohlen entdeckte, obwohl sie ihm direkt gegenüberstand. Barny antwortete auch nicht auf Luanas Schreie. Er stand immer noch unter Schock. Aber mit der Zeit und der Gewissheit, ihr Fohlen wieder zu haben, wurde Luana ruhiger.

Eine ganze Weile standen wir Kopf an Kopf am Weidezaun und warteten, bis der zur Hilfe gerufene polnische Stallarbeiter ein Brett aus dem Zaun montiert hatte. Wir sahen keine andere Möglichkeit, als uns gewaltsam einen neuen Zugang zur Koppel zu verschaffen. Der Weg um die Koppel herum war zu weit. Außerdem gewährleistete er nicht, dass Stute und Fohlen parallel am Zaun laufen konnten.

Endlich war das Brett gelöst, der Zugang war frei. Der Strom war bereits abgeschaltet und der Elektrozaum durchgeschnitten. Wir schoben den kleinen Hengst wieder in die Koppel, zurück zu seiner Mutter. Es war geschafft. Luana und Barny waren wieder vereint.

So schnell eine Panik bei einer Stute ausbrechen kann, wenn man ihr das Fohlen wegnimmt, genauso schnell ist nach dem erneuten Zusammenbringen auch wieder alles in Ordnung. Luana hatte sich inzwischen beruhigt. Es ging ihr gut, und wir hofften, dass auch ihr Sohn nur mit dem Schrecken davongekommen war.

Nach der ganzen Aufregung mit Barny gab es doch noch etwas sehr Positives zu berichten: die Blutergebnisse von meinem Hund Charlie. Unsere Verdachtsdiagnose Zeckenerkrankung hatte sich bestätigt, zwar durch einen anderen Erreger als ursprünglich vermutet, aber das war völlig egal. Fakt war, die Richtung und somit auch die Therapie waren goldrichtig und retteten Charlie das Leben. Ohne eine Behandlung auf Verdacht hätte er Ostern vermutlich nicht überlebt. Uns standen nun vier lange Wochen Antibiotika-Therapie bevor. Aber das würde der alte Rüde schon packen. Sein Gesundheitszustand hatte sich bereits seit Beginn der Therapie enorm verbessert. Ich war so glücklich!

4.

8. APRIL   Am Tag nach der großen Aufregung wechselten wir die Koppel. Luana und Barny bekamen eine neue Parzelle zugeteilt, eine, auf der es keinen Erdhügel gab.

An diesem Tag lief alles sehr viel ruhiger und unspektakulärer ab. Barny genoss seinen Ausflug, stellte aber keine weiteren Dummheiten an. Er merkte, dass es klüger sei, in der nächsten Zeit Luana nicht mehr von der Seite zu weichen. Für seine Erkundungstouren nutzte er ebenfalls nur einen Umkreis von ein bis zwei Meter um seine Mutter herum. Schließlich bewegte sich Luana beim Grasen ja auch. Auf diese Weise kam er ebenfalls von einem Ende der Koppel zum anderen, nur eben etwas langsamer.

Am Abend, als Barny wieder heil in seiner Box stand, war ich froh festzustellen, dass der gestrige Unfall wohl keine weiteren Folgen gehabt hatte.

9. APRIL   Ich nahm mir vor, das erste Mal spazieren zu gehen, so wie es der Hufschmied empfohlen hatte. Dabei traute ich mich noch nicht, den Hof zu verlassen. Sicherlich wäre es kein Problem gewesen. Jedoch reichte mir der

vergangene Nervenkitzel. Ich wollte einfach ganz gemächlich ein paar Runden drehen, ohne Sorge zu haben, es könnte noch einmal etwas passieren. Also zog ich Luana das Halfter an und lief los. Barny, welcher mittlerweile gelernt hatte, seiner Mutter zu folgen, kam hinterher. Es sah so schön aus, wie er neben seiner Mutter herlief. Der Kleine war bildhübsch. Ich war so stolz auf ihn und genoss jeden Moment, in dem wir beisammen waren. Wir drehten im Schritt einige Runden auf dem Hof, immer schön auf hartem Boden. Barny folgte Luana auf Schritt und Tritt.

Auf einmal stockte mir der Atem. Sah ich richtig? Lahmte Barny etwa? Das durfte nicht wahr sein! Vorhin, als wir aus dem Stall gekommen waren, hatte ich nichts gesehen! Hatte er sich jetzt beim Laufen vertreten? Hatte ich anfangs nicht richtig geschaut? Die Lahmheit war nicht schlimm, aber sie war deutlich zu erkennen. Könnten es eventuell noch Nachwirkungen von seinem Sturz vom Erdhügel sein? Ich war geschockt! So ein kleines Wesen, kaum auf der Welt, und schon hatte es sich verletzt. Das durfte nicht sein. Nicht bei meinem Fohlen. Wo ich doch immer versuchte, alles perfekt zu gestalten und den kleinen Zwerg am liebsten in Watte gepackt hätte. Ich bat Theo um Rat. Wir beschlossen, ihn trotzdem auf die Koppel zu lassen. Die

Lahmheit war zwar da, sah aber nicht drama-tisch aus. Auf der Koppel konnte sich der Kleine so bewegen, wie er wollte. Wenn er Schmerzen hatte, würde er sich schon selbst schonen. Nun hieß es wieder einmal Abwarten und Hoffen.

10. APRIL   Erwartungsvoll parkte ich mein Auto in der Hofeinfahrt. Ich versuchte cool zu bleiben und verdrängte die Sorgen, die mir im Kopf herumschwirrten. Ich hoffte so sehr, dass es Barny gut ginge. Die erste Erleichterung zeig-te sich, als ich die Box betrat. Keines der staksi-gen Beinchen war geschwollen. Genauso konnte ich nirgendwo eine Stelle entdecken, welche sich warm anfühlte oder eine Druckempfindlichkeit aufwies. Etwas erleichtert führte ich Luana aus der Box. Barny folgte uns wie selbstverständlich. Doch schon nach den ersten Metern glaubte ich, mich träfe der Schlag.

Die Lahmheit war schlimmer als am Tag zu-vor. Ich verschloss die Augen. Ich wollte das nicht sehen. Barny war so toll. Obwohl er erst seit fünf Tagen auf dieser Welt war, hatte ich ihn schon so in mein Herz geschlossen. Es tat mir in der Seele weh zu sehen, dass er Schmerzen hatte. Nun ja, eigentlich machte er nicht den Eindruck, als würde ihm etwas weh tun. Aber sonst würde er ja nicht lahmen. Ich beschloss, ein paar Runden zu laufen, um zu sehen, ob sich die Lahmheit vielleicht verbessern oder womöglich sogar verschlimmern würde. Die Bewegung änderte aber nichts an seinem Zustand. Der kleine Hengst schonte sein rechtes Vorderbein! Luana und Barny durften trotzdem auf die Koppel. Wie schon am Vortag sollte der Kleine selbst entscheiden, wie viel er sich bewegen mochte. Das tat er auch. Er war wie immer sehr interessiert an seiner Umgebung. Nach wie vor machte es nicht den Anschein, als hätte er Schmerzen oder irgendwelche Einschränkungen.

Später, zurück in der Box, wartete ich den Zeitpunkt ab, wo sich Barny zum Schlafen ins Stroh legte. Jetzt tastete ich sein Bein nochmals ab. Das einzige, was ich hierbei feststellen konnte, war, dass Barny eine Massage an der Schulter sehr angenehm fand. Aber ob es tatsächlich etwas mit seiner Verletzung zu tun hatte oder ob der kleine Schmusebär es einfach nur genoss, verwöhnt zu werden, stand in den Sternen. So oder so beschloss ich, ihm etwas Homöopathisches zur Beschleunigung des Heilungsprozesses zu geben. Hierbei konnte ich nichts falsch machen, und zugleich gab es mir das Gefühl, etwas Gutes getan zu haben. Ich hatte den kleinen Zwerg so liebgewonnen.

Die nächsten Tage passierte nicht viel Neues in dem noch kurzen Leben des kleinen Inspector Barnaby. Er genoss täglich bei strahlendem

Sonnenschein und angenehm warmen Frühlingstemperaturen zusammen mit seiner Mutter seinen Koppelgang. Es gab auch keine weiteren Zwischenfälle, welche mein Nervenkostüm erneut strapaziert hätten.

Die Lahmheit bereitete mir allerdings nach wie vor Sorgen. Unsere tägliche Kontrolle, bei der wir Barny mit seiner Mutter vor dem Koppelgang einmal die Einfahrt hinauf und wieder hinunterführten, fiel jedes Mal trüb aus. Zwar verschlimmerte sich der Zustand nicht. Es gab auch Tage, an denen man sich einbildete, eine Besserung erkennen zu können. Aber Barny schonte sein rechtes Vorderbein, aus welchen Gründen auch immer.

Leider führten die ständigen Beinkontrollen und die tägliche Eingabe von Medikamenten dazu, dass Barny sich immer mehr zurückzog. Es wurde ihm alles zu viel. Er entwickelte Skepsis den Menschen gegenüber. Ja, der verschmuste, aufgeweckte und offenherzige Barny, wie man ihn in den ersten Tagen erleben konnte, verwandelte sich zunehmend in ein schüchternes, schreckhaftes und ängstliches Fohlen. Dieser Veränderung schaute ich leidvoll zu. Ich versuchte, die richtige Balance zu finden zwischen Ruhe, Freiraum und Ignorieren auf der einen und konsequentem Kontakt durch liebevolle, vertrauensfördernde Berührungen auf der anderen Seite. Hierdurch erhoffte ich mir, das Zutrauen des kleinen Hengstes zurück zu gewinnen.

Mittlerweile war fast eine Woche vergangen, seitdem ich die Lahmheit des Fohlens festgestellt hatte, und nach wie vor gab es keine Besserung. Ich beschloss, den Tierarzt hinzuzuziehen. Gleich am nächsten Morgen rief ich ihn von meiner Arbeitsstelle aus an und vereinbarte einen Termin für denselben Abend. Im Anschluss an dieses Telefonat ging es mir sofort besser. Auch wenn der Tierarzt Barny noch gar nicht gesehen hatte, stellte sich bei mir ein Gefühl der Zuversicht ein.

Ich war frühzeitig im Stall und wartete ungeduldig, bis ich den Tierarzt in der Hofeinfahrt erblickte. Er stieg aus, und wir gingen gemeinsam in den Stall. Augenblicklich war ich doch wieder angespannt. Ich hoffte auf eine gute Diagnose, vor allem darauf, dass der Tierarzt mir meine Sorge wegen bleibender Schäden nahm. Wir holten Luana und Barny zum Vortraben aus der Box. Es war wie immer. Barny zeigte sich gehfreudig, aber einfach nicht taktrein und schon gar nicht klar in seinem Bewegungsablauf. Meine Ohren waren gespitzt. Meine Augen verfolgten die Mimik des Tierarztes. Ich versuchte, aus seinem Gesichtsausdruck eine erste Einschätzung zu erhaschen. Bedauerlicherweise kam der

Tierarzt auch nur zum gleichen Ergebnis wie ich. Das Fohlen lahmte am rechten Vorderbein, nicht mehr und nicht weniger.

Zur genaueren Untersuchung gingen wir zurück in die Box. Hier hatte Barny etwas mehr Sicherheit und wir mehr Kontrolle über ihn. Der Tierarzt schaute sich das Bein sehr gründlich und detailliert von der Schulter bis zum Huf an. Um nichts zu übersehen, entfernte er sogar das Fohlenkissen. So nennt man die weiche Hornmasse, welche die Sohlenfläche beim Huf des neugeborenen Fohlens ausfüllt und in den ersten Lebenstagen eintrocknet und abfällt.

Dann wandte er sich mir zu. Er beruhigte mich, er vermutete nichts Schlimmes, wobei auch er keine gefestigte Diagnose abgeben konnte. Vermutlich kam die Lahmheit tatsächlich von dem Unfall am Erdhügel. Fohlen sind sehr wehleidig. Dies führt häufig zu schneller und heftiger Lahmheit. Da mein Fohlen aber nur eine leichte Lahmheit zeigte, dazu alle Knochen und Gelenke in Ordnung waren und auch der Huf keinerlei Empfindlichkeit aufwies, vermutete er nur eine leichte Zerrung. Dies würde vorüber gehen. In einer Woche sollte Barnys Bewegungsablauf wieder tadellos sein. Trotzdem ließ der Tierarzt Schmerzmittel und Entzündungshemmer für fünf Tage da, um zu verhindern, dass sich eine Entzündung in der Wachstumsfuge festsetzte.

Bevor der Tierarzt sich verabschiedete, beruhigte er mich nochmals. Barny sei absolut fit und gut entwickelt. Und er sagte auch, er sei ein tolles Fohlen! Über so eine Aussage freut sich ein Züchter natürlich.

Nun war ich erleichtert. Die freundlichen und aufmunternden Worte eines kompetenten Veterinärs nahmen mir einen großen Teil meiner Sorgen. Aus Barnys Sicht war dieser Tag trotzdem total doof. Zuerst musste er so ein blödes Halfter anziehen. Dann kam ein fremder Mann, der ihn von oben bis unten anfasste, der am ganzen Bein herumzog und drückte, ja, der sogar ein Messer aus der Tasche holte und an seinem Huf herum schnitt. Zu guter Letzt spritzte er ihm noch seltsame Flüssigkeiten ins Maul und behauptete dann auch noch, das sei gar nicht schlimm. Für ihn nicht, da hatte er recht, er musste ja dieses üble Zeug nicht schlucken. Wie sollte ein Fohlen das verstehen? Vor allem auch noch, dass das Ganze nur gut gemeint war.

Und es kam noch bitterer aus Barnys Sicht. Luana rosste seit diesem Tag. Die erste Rosse einer Stute nach einer Geburt führt zu Veränderungen in der Milch, was wiederum Durchfall beim Fohlen auslöst. Also hieß es ab jetzt: täglich Popo waschen. Ansonsten würde das Fell verkleben und der Kleine ganz wund werden. Barny blieb keine andere Wahl, er musste auch dies über sich ergehen lassen. Wie schon gesagt, für Barny war es ein richtig übler Tag, ein anstrengender Tag, zum Vergessen.

Die nächsten Tage verliefen alle gleich. Neben dem üblichen Wechsel zwischen Box und Koppel gingen wir fleißig auf hartem Boden spazieren. Ich wusch den Fohlen-Popo und schmierte ihn anschließend mit Baby-Creme ein. Außerdem gewöhnte ich Barny an den Umgang mit Menschen. Das bedeutete, ich machte ihn vertraut mit alltäglichen Situationen. Er sollte von Anfang an lernen, sich überall anfassen zu lassen sowie das Anlegen und das Tragen eines Stallhalfters als selbstverständlich zu akzeptieren. Genauso wollte ich durch regelmäßiges Üben von Führen, Anbinden, Putzen und Hufegeben die Grundlage schaffen, den späteren Umgang mit dem Pferd zu erleichtern. Der frühe und enge Kontakt zum Menschen ist prägend und vereinfacht hinterher viele Alltagssituationen.

Um das Vertrauen eines kleinen Fohlens zu gewinnen, braucht es viel Zeit und vor allem viel Geduld. Leider können oder wollen viele Züchter sich diese Zeit nicht nehmen. Ich hatte nur ein Fohlen, ein tolles Fohlen. Deshalb wollte ich alles, was in meiner Macht stand, dafür tun, dass mein kleiner Barny ein schönes Leben haben würde. Denn der Umgang mit einem Pferd, egal welchen Alters, ist für beide Parteien wesentlich entspannter, wenn Angst oder Stress ausgeschlossen sind.

Täglich verbrachte ich nach der Arbeit viele Stunden im Stall. Der anhaltenden Schönwetterperiode hatten es die Pferde zu verdanken, dass sie sich lange Zeit draußen auf der Weide aufhalten durften. Oft setzte ich mich mitten auf der Koppel ins Gras und beobachtete Luana und Barny. Stunden konnte ich hier verbringen. Es gab nichts Schöneres, als meinem eigenen Fohlen dabei zuzusehen, wie es die Welt erkundete. Ich blieb bei meiner Meinung: Barny war ein Professor. Er wollte alles ganz genau wissen. Er war so neugierig, wach und interessiert an allem, was um ihn herum passierte. Er fegte nicht wild über die Koppel, sondern untersuchte jeden Quadratzentimeter im näheren Umfeld seiner Mutter. Jedes Blümchen, jeder Stein, jeder Baum wurde mit allen Sinnen inspiziert. Ich machte unzählige Fotos und genoss jeden Augenblick mit meinem Schützling.

In dieser Zeit, in der ich einfach nur da war, versuchte ich, das Gleichgewicht zu finden zwischen Freiraum geben und Kontakt anbieten. Und es trug Früchte. Von Mal zu Mal konnte man erkennen, dass Barny trotz Medikamentengabe und Beinkontrolle der Spezies Mensch mehr Vertrauen schenkte. So klappten auch das Aufhalftern, Putzen, Hufegeben und Popowaschen immer besser. Gerade letzteres schien er sichtlich zu genießen. Das kann man auch verstehen. Niemand will mit einem verklebten, juckenden Hinterteil herumlaufen. Je stärker eine Stute rosst, umso stärker ist auch der Durchfall beim Fohlen. Und Luana hatte schon immer extrem gerosst! Theo machte uns schon den Vorschlag, wir sollten Barny Windeln anziehen, da er die ganzen Wände verspritzte. Sicherlich wollte er nur darauf hinweisen, dass beim Auszug aus dieser Box eine neue Wandfarbe wünschenswert wäre.

5.

Regen, Regen, Regen! Anders konnte man den Tag nicht beschreiben. Nach zwei Wochen permanentem Sonnenschein bekamen nun endlich Felder und Wiesen das lang ersehnte Nass von oben.

Zum Glück hatte es Theo geschafft, die Pferde in den frühen Morgenstunden noch kurzzeitig auf ihre Koppeln zu bringen. So konnten sie sich wenigstens etwas die Beine vertreten, bevor der starke Dauerregen einsetzte. Für den Rest des Tages hieß es hingegen: Boxenruhe! Denn es schüttete, was herunter ging, und zudem war es kalt und windig.

Das Wetter zwang mich, Luana und Barny in der Box zu beschäftigten. Daher musste die Lahmheitskontrolle ausfallen. Aber das war nicht schlimm. In ein paar Tagen wollte ich mit dem Tierarzt telefonieren, und bis dahin versuchte ich alles auszublenden. Je mehr man hinschaut, umso mehr sieht man auch! Der Tierarzt hatte ja gemeint, es sei nicht so schlimm, und daran hielt ich mich fest. Es genügte mir zu sehen, dass nach wie vor nichts geschwollen oder warm war, und dass es somit keine Verschlechterung zu beobachten gab.

In der Nacht hatte es endlich aufgehört zu regnen. Die Koppelböden waren wider Erwarten begehbar, weder rutschig noch sumpfig. So durften die Stuten mit ihren Fohlen wieder zweimal täglich raus auf die Weide. Der kleine Barny sah so schön aus mit seinem Halfter, wie ein Großer! Dabei war er so klein: ein kleines Fohlen mit einem feinen, zierlichen Köpfchen. Ich musste auf das sowieso schon winzige Babyhalfter einen Knoten machen, damit ich überhaupt eine Chance hatte, es ihm anzupassen. Es schien ihn nicht zu stören. Im Gegenteil, er trug es ganz stolz bei jedem Ausflug auf die Koppel.

Am Abend beschäftigte ich mich erst einmal mit Luana. An diesem Tag war ich alleine. Maria hatte mir kurzfristig abgesagt, und ansonsten war auch niemand im Stall. Ich wusste nicht so recht, wie ich es alleine schaffen sollte, Barnys Popo zu waschen. Aber irgendwie musste es gehen. Während ich Luana putzte, nutzte ich jede Gelegenheit, in der Klein-Barny abgelenkt war, um ihm ganz vorsichtig schon mal den gröbsten Dreck vom Hinterteil abzubürsten.

Anschließend schmuste ich mit Barny so lange, bis genügend Vertrauen da war und er es zuließ, den restlichen Kot abzuwaschen. Immer wenn es ihm zu viel wurde und er weg wollte, durfte er weg. Dann ließ ich ihn kurzzeitig in Ruhe. So kam er sich nicht bedrängt vor und blieb, wenn ich einen neuen Versuch wagte, sogleich wieder lieb stehen. Und so schaffte ich es letztlich ganz alleine, dem kleinen Kerl den Popo zu waschen und einzucremen. Er sah süß aus, mein Barny, mit seinem weißen Popo. Durch das Wedeln mit dem Schwänzchen verteilte er die Creme großflächig und beidseitig schön gleichmäßig. Mit dem weißen Fleck am Hinterteil sah er aus wie ein Reh.

Ich war stolz auf meinen Kleinen. So brav hatte er alles über sich ergehen lassen. Wenn ich daran denke, wie groß seine Angst beim ersten Waschen gewesen war. Damals schlug sein kleines Fohlenherzchen so heftig, dass man das Gefühl hatte, es hüpfe gleich zu seinen Ohren hinaus. Und jetzt? Frei, ohne ihn festzuhalten, stand Barny da und ließ die Waschprozedur relativ gelassen über sich ergehen.

Es machte Spaß, Barnys Fortschritte im Umgang mit Menschen zu beobachten. Er fand täglich mehr Vertrauen. Mittlerweile konnte man ihn putzen und ihm die Hufe auskratzen, ohne ihn festzuhalten. Das Popo-Waschen hatte ein Ende. Luana rosste nicht mehr, und somit war sein Durchfall vorüber.

Auch das Medikament, welches der Tierarzt gegen die Lahmheit dagelassen hatte, war aufgebraucht. Leider gab es jedoch keine Verbesserung. Barny belastete nach wie vor sein rechtes

Vorderbein nicht vollkommen. An manchen Tagen bildete ich mir eine Besserung ein. Aber niemals war alles völlig in Ordnung.

Ich beschloss, noch ein paar Tage abzuwarten. Sollte die Lahmheit aber dann immer noch vorhanden sein, müsste ich wohl oder übel noch einmal den Tierarzt anrufen. Barny war doch noch so jung. Ich wollte auf Nummer sicher gehen und nichts versäumen.

Obwohl Barny noch klein war und ich ihn wie einen Prinzen behandelte, wurde er frech. Langsam fing er an, mit seinen kleinen Zähnchen zu zwicken. Man musste aufpassen, dieses Zwicken beherrschte er bereits mit Bravour. Diese neue Situation gab jedoch auch Gelegenheit, Barny in die Schranken zu weisen und ihn Grenzen zu lehren.

Barny war nun annähernd drei Wochen alt. Es stand das erste professionelle Fotoshooting an. Tagsüber hatte ich beruflich viel zu tun. Leider trifft es sich meistens so. Jedes Mal, wenn man einen Termin hat, wird man mit seiner Arbeit nicht rechtzeitig fertig. Später als geplant kam ich im Stall an. Dadurch stand ich unter Zeitdruck. Beide Pferde mussten zuvor geputzt und gestriegelt werden. Natürlich sah Barny ausgerechnet heute aus wie ein Schweinchen. Dazu kam, dass er sich unerwartet schüchtern verhielt.

Mit Sicherheit spürte er meine Anspannung und die aufkommende Hektik. Nachdem er die letzten Tage so mutig gewesen war, wollte er sich nun partout nicht putzen lassen. Aber irgendwie ging es dann doch.

Beim Shooting selbst verhielt sich Barny genau so schüchtern. Bloß nicht vor die Kamera treten, immer schön hinter der Mama versteckt halten. Wir waren auf einer neuen großen Weide mit frischem Gras und vielen bunten Blumen, wunderschön um Bilder zu machen. Die aus Fohlensicht endlos erscheinende Koppel sollte den Kleinen eigentlich motivieren, sich zu bewegen. Doch es war nichts zu machen. Barny war kein dankbares Fotomodell. Die Fotografin tat mir leid. Dennoch machte sie es super. Sie brachte eine Engelsgeduld mit und wusste genau, wie man ein Fohlen aus der Reserve lockt. Bocksprünge zeigte er uns zwar nach wie vor nicht. Ansonsten hatten wir am Ende alles, was wir wollten.

Nach knapp zwei Stunden machten Barnys Beinchen nicht mehr mit. Er legte sich ins Gras, um sich auszuruhen. Schließlich war er für seine Verhältnisse viel gerannt. So bekamen wir noch einen Bonus: schöne Bilder im Liegen.

Auf dem Rückweg zum Stall trabte Barny voraus und wieherte unzählige Male. Er war froh, wieder in seine gewohnte Umgebung zu kommen. Wir liefen die Hofeinfahrt hinunter. Die

anderen Pferde reagierten auf Barnys Rufe. Seine hohe, quietschende Stimme wurde erwidert. Er bekam Antwort. Seine Augen leuchteten vor stolz. Er gehörte dazu. Er war ein Teil dieser Herde, wenngleich er auch nicht gemeinsam mit diesen Pferden auf der Koppel stand. Barnys Schritte wurden erhabener, seinen Kopf trug er steil nach oben und die Ohren waren gespitzt. Er genoss sichtlich das Wechselspiel der Zurufe zwischen ihm und den anderen Pferden.

Luana ließ das Ganze kalt. Sie freute sich nur auf ihr abendliches Kraftfutter in der Box. Dort angekommen dauerte es keine fünf Minuten, dann legte sich Barny ins frische Stroh und schlief ein. Bestimmt träumte er nun von dem aufregenden Tag, von der neuen großen Koppel, von der fremden Frau, die ihn ständig auf Schritt und Tritt verfolgte und von sich selbst als echtem Mitglied dieser Herde!

Interessanterweise war Barny am nächsten Tag wieder völlig der Alte. Keine Spur von Angst oder Scheu. Er war genauso zutraulich und neugierig, wie er sich an den Tagen vor dem Shooting gezeigt hatte. Vermutlich hatte er am Tag zuvor gespürt, dass irgendetwas anders war als sonst.

Schockierend war hingegen zu sehen, dass Barny wieder unter katastrophalem Durchfall litt. Warum bloß? Ich hatte doch schon geglaubt, dieser sei vorüber. Theo meinte zwar, es sei noch im zeitlichen Rahmen mit der Rosse. Doch wieso kam der Durchfall zurück, nachdem er schon überstanden schien? Trotz seiner Gelassenheit riet uns Theo, den Salzstein aus der Box zu nehmen. Diese konzentrierten Lecksteine sind gefährlich für Fohlen. Der Körper reagiert auf die Überversorgung mit extremem Durchfall, welcher zur Dehydration bis hin zum Tode führen kann. Eigentlich werden die Lecksteine in Stutenställen so angebracht, dass die Fohlen sie nicht erreichen können. Aber wer weiß, was Barny, der kleine Klettermaxe, veranstaltete, wenn keiner von uns dabei war? Also gingen wir lieber auf Nummer sicher und entfernten die potentielle Gefahrenstelle.

Als ich am darauffolgenden Tag in den Stall kam, stand ich vor leeren Boxen. Keine der beiden Stuten, die bereits ein Fohlen bei Fuß hatten, war zu sehen, weder im Stall noch auf ihren Koppeln. Ich sah mich fragend um. In der Ferne entdeckte ich Theo. Er fuhr mir mit dem Fahrrad entgegen und teilte mir mit, dass Luana und Diamonara nun zusammen auf einer Koppel stünden, beide Stuten gemeinsam mit ihren Fohlen.

Es ist wichtig, dass Fohlen unter Gleichaltrigen aufwachsen und das nicht erst nach dem Absetzen von der Mutter. Sie brauchen schon

frühzeitig nach der Geburt einen Spielgefährten, mit dem sie rennen und toben können, solange sie Lust haben. Bis unsere beiden Fohlen
jedoch gemeinsam über die Wiese sausen würden, würde es noch eine ganze Weile dauern.
Momentan standen die zwei noch in der Nähe
von ihren Müttern. Und auch die Stuten mussten lernen, ein anderes Fohlen zu akzeptieren.
Theo machte es richtig. Er stellte die Stuten für
den Anfang auf eine fremde, größere Weide, die
den Pferden genügend Platz zum Ausweichen
bot. Somit verlief alles ohne Probleme. Die Stuten orientierten sich vorwiegend am Gras und
die Fohlen an ihren Müttern.

Eigentlich lief alles perfekt. Barny entwickelte sich zum Musterschüler. Alle ihm gestellten
Aufgaben und neuen Übungen meisterte er mit
Bravour. Es gibt mit Sicherheit wenige Fohlen,
welche nach so kurzer Zeit schon so unkompliziert im Umgang sind. Manches große, ausgebil-
dete Reitpferd könnte sich am kleinen Barny ein
Beispiel nehmen, allein beim Hufegeben. Kratzt
man seinen Vorderhuf aus und geht nach hinten,
hebt er schon von alleine den Hinterhuf, weil er
weiß, dieser kommt als nächster dran. Niemals
versuchte Barny, nach mir oder einem anderen Menschen auszuschlagen, niemals zu steigen oder ernsthaft zu beißen. Trotzdem war er

frech, ein richtiger Lausbub, so wie es ein Fohlen sein muss. Es war ein Traum, sich mit ihm zu beschäftigen. Wenn Barny lag, wollte er am liebsten am Bauch gestreichelt werden. Er hob seine Beine leicht an und streckte wie ein Hund seinem Gegenüber den Bauch zu.

Auch der Durchfall war wieder weg. Vielleicht hatte Theo mit dem Salzleckstein den richtigen Einfall gehabt. Aber neben all den schönen Momenten gab es auch einen Wermutstropfen. Barnys Lahmheit! Ich hatte ein weiteres Mal den Tierarzt kontaktiert. Aber auch die zweite Untersuchung brachte keine neuen Ergebnisse. Wir versuchten es nochmal mit dem gleichen Medikament. Zerrungen oder ähnliche muskuläre Verletzungen dauerten bei Fohlen sehr lange. Und vielleicht hatte das Medikament beim letzten Versuch aufgrund des starken Durchfalls nicht gegriffen. Zusätzlich zum Schmerzmittel bekam Barny ein Calcium-Magnesium-Präparat speziell für Fohlen. Vielleicht war die Lahmheit ja auch ein Wachstumsproblem. Wir wollten einfach alles ausschließen.

Der Tierarzt beruhigte mich auch dieses Mal wieder: Barny sei fit und mache einen stabilen Eindruck. Er könne sich einfach nicht vorstellen, dass diese Verletzung etwas Schlimmeres sein könnte. Das Einzige, was er mir ans Herz legte, war, die Hufstellung an den Vorderbeinen im Auge zu behalten. Dort stand er sehr steil. Das durch die Lahmheit herbeigeführte Entlasten führte zu einer zu geringen Beanspruchung. Somit konnten sich Sehnen und Bänder nicht ausreichend dehnen und die Beinstellung sich nicht normalisieren. Aber auch hier entschieden wir, erst einmal abzuwarten. Die oberste Priorität bestand darin, Barny endlich lahmfrei zu bekommen. Wäre dieser Punkt geschafft, regelte sich die Hufstellung wohl von selbst. Zwar könne man sich dann zusätzlich durch den Hufschmied eine unterstützende Hilfe geben lassen, aber Barny hatte keine konkreten Stellungsfehler, sondern einfach nur einige Defizite, herbeigeführt durch die Lahmheit.

Pünktlich zum 1. Mai-Feiertag schlug das Wetter um. Wie so oft an diesem Datum regnete es. Den vielen Vereinen, die ein Fest veranstalten wollten, war Petrus nicht gut gesonnen. Wochen-, teilweise monatelange Vorbereitungen von zahlreichen ehrenamtlichen Helfern und vorab investiertes Kapital hatten die Hoffnung geweckt, die Vereinskasse aufbessern zu können. Mit dem vorausgesagten flächendeckenden starken Dauerregen blieben wohl viele Bierbänke unbesetzt und somit die Kassen leer.

Barny war dies egal. Für ihn zählte nur: Koppeltag oder kein Koppeltag. Er stand gemeinsam mit Luana am Fenster der Box und schaute dem Regen zu. Dieser prasselte im Innenhof nur so auf die Pflastersteine nieder. Viel war für den Tag nicht zu erwarten. Aber wir hatten Glück. Wir erwischten eine knappe halbe Stunde, in der der Regen kurzzeitig nachließ und Luana und Barny sich draußen etwas die Beine vertreten konnten, wenn auch nur auf dem Reitplatz anstatt auf der Koppel. Nach der Lahmheit hatte ich nicht geschaut. Das ständige Beobachten machte mich verrückt! Er bekam sein Medikament, und danach konnte man weitersehen.

Die nächsten Tage blieb das Wetter sehr wechselhaft. Trotzdem schafften wir es irgendwie, die Pferde täglich auf die Weide zu lassen. Die beiden Fohlen waren nun nicht mehr so klein. Ein kurzer Regenguss konnte ihnen nichts mehr anhaben.

Mit Barny trainierten wir fleißig das Führen. Je nach Witterung übten wir in der Box, im Innenhof, auf der Koppel oder auf dem Reitplatz. Es klappte super. Was konnte man auch anderes von dem kleinen Streber erwarten. Mit der Zeit konnten wir uns sogar auf Sichtweite vom Luana entfernen. Das Wegführen dauerte allerdings etwas länger als der Weg zurück. Aber Barny war stets zu kontrollieren.

Das Führen eines Fohlens erfordert ein großes Maß an Feingefühl. Ein junges, ungestümes

Tier kann jederzeit aus Übermut oder auch aus Widersetzlichkeit steigen und dabei versuchen, sich mit einem Satz nach vorne loszureißen. Bleibt die führende Person hierbei starr oder zieht womöglich noch dagegen und gibt so dem Fohlen nicht den benötigten Freiraum, kann sich dieses nach hinten überschlagen. Hierbei kam es schon oft zu übelsten Verletzungen bis hin zur Todesfolge. Gerade deswegen sind der richtige Umgang, ein gewisses Fachwissen und Feingefühl zwingend erforderlich. Bringt man dies alles mit, gibt es nichts Schöneres als mit einem Fohlen zu arbeiten.

Bei Barny lief alles ohne Probleme. Er verhielt sich vorbildlich, und ich war stets konzentriert bei der Sache. Es funktionierte sogar so gut, dass ich Barny alleine, ohne Luana, aus der Box holen konnte. Natürlich nur im direkten Bereich der Box, einmal die Stallgasse entlang, zur Türe hinaus, außen an das Boxenfenster und wieder zurück. Barny war hierbei wesentlich cooler als Luana. Die Stute glaubte jedes Mal, man nehme ihr das Fohlen weg.

Mittlerweile war ein drittes Fohlen auf dem Hof geboren. Es war ebenfalls ein Hengst, ein Spielgefährte für Barny. Dieses Fohlen eröffnete ganz neue Möglichkeiten. Nachdem Theo ebenfalls ein Hengstfohlen besaß, konnte Barny nach dem Absetzten von der Mutter für die Zeit der

Jungpferdeaufzucht hierbleiben, wenn ich das wollte. Natürlich wollte ich das. Hier wusste ich, dass es ihm gut ginge, und er wäre nicht so weit weg. Ich könnte also regelmäßig nach ihm sehen und mich weiterhin mit ihm beschäftigen. Ein freundlicher Kontakt mit dem Menschen, die Erziehung sowie die tadellose Unterbringung und Versorgung waren mir sehr wichtig. In Forchheim könnte ich all diese Dinge weiter aufrechterhalten.

Aber das war alles Zukunftsmusik. Jetzt war Barny gerademal einen Monat alt. Für die nächsten fünf Monate war er erst mal noch bei seiner Mama. Dann sah man weiter.

Es gibt noch etwas sehr Erfreuliches zu berichten: Barny ging lahmfrei. Endlich! Nun schien alles perfekt. Woran es letzten Endes gelegen hatte, war bedeutungslos. Es lag nahe, dass tatsächlich der Absturz vom Erdhügel der Ursprung allen Übels war. In erster Linie zählte jedoch, dass alles wieder gut war. Ich war so glücklich! Jetzt hatte ich nicht nur das liebste, hübscheste und überhaupt tollste Fohlen der Welt. Nein, nun hatte ich endlich auch ein hundertprozentig gesundes Fohlen.

6.

Leider hielt diese Freude nicht lange an. Ich war gerade nach Hause gekommen und wollte den schönen Tag mit dieser hervorragenden Nachricht gemütlich ausklingen lassen, als sich Astrid übers Handy meldete. Sie war mittlerweile wieder aus dem Krankhaus entlassen, wenn auch mit Krücken und somit absolut nicht einsatzfähig, aber sie war da. Sie war zumindest zu Hause und bekam alles mit, was auf dem Hof passierte. Meistens war es kein gutes Zeichen, wenn sie sich so spät nochmals meldete. Und so war es auch.

Theo hatte die Pferde spät abends noch ein weiteres Mal auf die Wiese gestellt. Die Sonne stand bereits tief. Es war einer von diesen schönen, nicht enden wollenden Frühlingsabenden. Die Tage waren länger hell, und Theo entschied sich dafür, den Pferden vor dem Schlafengehen noch etwas Gras zu gönnen. Doch was er dann sah und was Astrid mir nun erzählte, war für uns alle nicht zu begreifen.

Aus unerklärlichen Gründen gefiel es Barny nicht auf der Koppel. Obwohl Luana zufrieden graste, nahm der kleine Kerl Anlauf und sprang im Eingangsbereich über den Koppelzaun. An dieser Stelle war der Zaun nicht sehr hoch, dennoch für ein noch so kleines Fohlen viel zu hoch. Er schaffte es nicht! Natürlich schaffte er es nicht. Er blieb mit den Vorderbeinen hängen und überschlug sich. Er knallte auf die Pflastersteine und überschlug sich ein weiteres Mal. Mir stockte der Atem! Gerade war doch alles gut gewesen. Musste sofort wieder die nächste Hiobsbotschaft kommen? Warum machte er auch schon wieder einen solchen Blödsinn? Es war ja schön, dass er keine Angst vor dem Springen hatte, aber auf diese Art musste er es mir nicht zeigen. Doch was Astrid nun erzählte, verblüffte mich noch mehr.

Nachdem sich Barny zweimal überschlagen hatte und bei allen, die dies mit ansehen mussten, das Herz stehen blieb, stand der kleine Rabauke wie selbstverständlich auf, lief weg von der Koppel in die Stallgasse und bog an der richtigen Stelle in seine Box ab. Dort stand er und wartete auf seine Mutter. Luana, für die diese Zaunhöhe im Eingangsbereich weiß Gott kein Hindernis darstellte, sprang nicht. Sie stand schreiend und tobend hinter dem Gatter und wartete darauf, dass man ihr das Tor öffnete. Um ein weiteres Unglück zu vermeiden, kam Theo diesem Wunsch umgehend nach und brachte Luana zurück in den Stall. Wieder vereint schien die Welt sofort in Ordnung.

Barny schaute immer noch etwas schockiert drein. Aber zumindest äußerlich konnte man keine Verletzungen feststellen. Lediglich ein paar Schrammen am Karpalgelenk waren zu sehen. Aber diese bluteten nicht einmal. Nachdem ich beinahe bei der Schilderung dieses Vorfalls einen Herzinfarkt erlitten hatte, war ich dann doch sehr froh, dass beide wieder in der Box standen. Was auch immer Barny sich bei diesem gefährlichen Blödsinn gedacht hatte, ich konnte dankbar sein, dass zumindest auf den ersten Blick nichts Schlimmeres passiert war. Nun hieß es wieder einmal abwarten und hoffen.

Nicht nur ein Stein, gleich ein ganzer Felsblock fiel mir vom Herzen, als ich Barny am nächsten Tag quietschfidel in der Box stehen sah. Keinerlei Schwellungen oder sonstige Verletzungen waren zu erkennen. Es grenzte fast an ein Wunder. Doch ich wollte ihn erst noch laufen sehen, nicht in der engen Box, sondern draußen im Freien, wo mehr Platz war.

Ich führte die beiden durch die Stallgasse hinaus in den Innenhof. Wir liefen einmal die Einfahrt hinauf und wieder hinunter. Ich sah nichts, nichts, was auf eine Lahmheit oder etwas Ähnliches hindeutete. Es war fast nicht zu glauben, und ich wollte es gleich noch einmal sehen. Wir liefen den gleichen Weg ein zweites Mal. Es war alles okay. Barnys Bewegungsablauf zeigte sich geregelt und taktrein. Oh mein Gott! All die Angst der letzten Stunden fiel buchstäblich von mir ab. Sein gestriger Ausbruch aus der Koppel schien ohne schlimmere Folgen abgelaufen zu sein. Der Kleine, er war so zäh und so tapfer, aber einfach total verrückt! Wir werden wohl nie herausfinden, was ihn bewogen hatte, alleine die Koppel zu verlassen.

In den nächsten Tagen blieb alles ruhig. Weitere Horror-Meldungen blieben aus. Barny ging es gut. Es war kaum zu glauben, dass er bei seinem doppelten Überschlag über den Koppelzaun absolut unverletzt geblieben war.

Es bereitete mir nach wie vor viel Freude, mich mit dem kleinen Hengst zu beschäftigen. Er war so zutraulich, dass man mittlerweile draußen auf der Weide mit ihm spielen konnte wie mit einem kleinen Kind oder einem Hund. Immer jedoch mit Vorsicht und mit dem Bewusstsein, dass er ein Pferd war, ein kleiner Hengst, der steigen, beißen und treten konnte, wenn man nicht aufpasste. Nein, Barny tat das alles nicht. Trotzdem musste man auf der Hut sein. Er konnte nicht abschätzen, wann er dem Menschen weh tat.

Diese Vorsichtsmaßnahmen hielten mich jedoch nicht davon ab, mit ihm zu spielen. Das Kasperletheater gefiel Barny. Er blühte dabei richtig auf. Es führte sogar dazu, dass er hinter mir her wieherte, wenn ich mich von ihm entfernte.

Da sich Barny nach wie vor agil zeigte und die lang andauernde Lahmheit schon wieder fast vergessen war, kam nun der Zeitpunkt, den Hufschmied zu kontaktieren. Wir vereinbarten einen zeitnahen Termin zur Kontrolle. Ich wusste von der schlechten Stellung der Vorderhufe und auch, dass diese vermutlich eine kleine Unterstützung zur Selbstkorrektur benötigten. Und so war es dann auch. Der Hufschmied erschrak, als er die steile Stellung und das damit verbundene steife Gangwerk des Fohlens sah. Zu meiner Beruhigung bestätigte er die Meinung des Tierarztes, die Fehlstellung komme von der verminderten Belastung während der Lahmheit und sei infolgedessen leicht und voraussichtlich auch schnell zu beheben.

Schon minimale Veränderungen wirken sich auf die Hufe von Fohlen stark aus. Also raspelte der Hufschmied eine Kleinigkeit vom Horn im Bereich der Trachten ab. Als Trachten bezeichnet man den hinteren Teil des Hufes. Durch die Korrektur standen die Hufe in einem anderen Winkel auf dem Boden. Die Sehnen und Bänder bekamen mehr Druck. Damit konnte der Organismus selbstständig in die richtige Richtung arbeiten. Nun hieß es laufen, laufen, laufen.

Dies setzten wir um. Zwischenzeitlich traute ich mir auch zu, größere Stecken zurückzulegen als nur die Einfahrt hinauf und hinunter. Durch die optimale Lage des Hofes kamen wir ohne eine Straße zu überqueren direkt in die Felder. Dies erleichterte die ganze Angelegenheit.

Barny gefielen diese Ausflüge. Anfangs blieb er stets ganz dicht an der Seite seiner Mutter. Schließlich war hier draußen so viel Neues und Unbekanntes. Je länger wir unterwegs waren, desto vertrauter wurde Barny mit der fremden Umgebung. Alles schien aus seiner Sicht so groß und so weit. Er fühlte sich frei. Er fing an, übermütig zu werden, machte Bocksprünge, sprang einige Meter voraus und kam wieder zurück. Er hatte Spaß, und die Bewegung tat ihm gut. Es war wundervoll zu sehen, wie glücklich Barny war, wie unbeschwert und frei er die Welt anschaute.

Die einfachste und stressfreieste Situation, um ein Pferd an neue Dinge heranzuführen, ist die frühe Prägung durch eine gelassene Mutterstute. Niemand kann einem Fohlen besser die Angst vor einer großen, weißen Plane oder einem gefährlich wirkenden Holzstapel nehmen als die eigene Mutter.

Genauso funktionierte es auch bei Barny. Sobald er am Wegesrand etwas entdeckte, was ihn verunsicherte, bremste er ab, ließ Luana voraus und folgte ihr wie selbstverständlich. Etwas Besseres konnte Barny nicht passieren.

Ich wollte die Zeit ausnutzen, solange solche Ausflüge noch möglich waren. Irgendwann würde Barny zu selbstständig werden, zu weit weglaufen und zum Ärger der Bauern die Felder verwüsten. Aber momentan genossen wir jeden Trip ins Grüne. Anfangs ging ich zu Fuß, aber bald unternahm ich diese Ausflüge auf Luanas Rücken. Dies hatte den Vorteil, dass wir nun in allen drei Gangarten unterwegs sein konnten. Je schneller desto lieber war hierbei Barnys Devise.

Die Sonne und der fehlende Regen trockneten die Feld- und Wiesenwege extrem aus. Dies brachte uns eine Zwangspause ein. Der harte Untergrund führte zu starkem Abrieb an Luanas Hufen. Wir hatten ihr im Herbst die Hufeisen entfernt, seither lief sie barhuf. Bei dieser Witterung hielt das Horn der häufigen Beanspruchung nicht stand.

Luana hatte eigentlich gute Hufe, aber sie war es nicht gewohnt, ohne Eisen zu laufen. Je öfter sie sich auf dem harten, ausgetrockneten Boden bewegte, desto mehr nutzte sich das Horn ab. Außerdem fingen die Seitenwände an auszubrechen, und Luana wurde immer empfindlicher gegen Steine und unebenen Untergrund. Normalerweise lässt man Stuten, die ein Fohlen

bei Fuß haben, zur Minderung der Verletzungs-
gefahr ohne Eisen. Der schlimme Zustand von
Luanas Hufen ließ dies jedoch nicht länger zu.
So beschloss ich, sie zumindest vorne wieder beschlagen zu lassen. Bis der Hufschmied aber einen Termin frei hatte, dauerte es einige Zeit.

Wir mussten unsere Ausritte etwas einschränken. Luana hatte jedoch wieder Spaß gefunden
an der Abwechslung zum Koppelalltag. Infolgedessen beschloss ich, Luana zu longieren. Das
Bewegen auf dem Round-Pen brachte so gut wie
keinen Huf-Abrieb mit sich, zumindest nicht bei
unserem guten Boden.

Für den kleinen Barny war es ebenfalls gut
zu lernen, für eine kurze Zeit von seiner Mutter
getrennt zu sein. Natürlich fing ich damit ganz
behutsam an, nur zehn Minuten und auch nur
zum Putzen in der Stallgasse. Anfangs war es
ein fürchterliches Geschrei. Beide, sowohl Fohlen als auch Stute, drehten völlig durch. Mit
Ruhe, Konsequenz und auch einem gewissen
Ignorieren meinerseits wurde die Situation täglich stressfreier.

Sobald das Putzen in der Stallgasse etwas entspannter vonstattenging, drehte ich den Spieß
um. Ich putzte in der Box und trennte Stute und
Fohlen anschließend. Ich verbrachte zehn Minuten mit Luana alleine auf dem Reitplatz. Die
Zeit, in der die beiden getrennt waren, war zwar

dieselbe, aber die Entfernung war größer. Der eine bekam nicht mehr alles mit, was der andere tat. Auch hier wurde zunächst wieder gewiehert und geschrien, was das Zeug hielt. Aber ich verhielt mich genauso wie in der Stallgasse. Erneut trug es Früchte. Die Lage entspannte sich. Ganz langsam steigerte ich die Trennungszeit bis zu einer dreiviertel Stunde. Länger brauchte es auch nicht zu sein. Natürlich riefen die beiden sich gelegentlich zu. Aber das war in Ordnung. Luana arbeitete gut mit und hatte sichtlich Freude an der Abwechslung.

Barny hingegen fand es nach wie vor doof. Er fand sich zwar damit ab, alleine zu sein, aber es gefiel ihm ganz und gar nicht. Das laute und hektische Wiehern, welches er in seiner Einsamkeit gelegentlich ausstieß, veränderte sich jedes Mal schlagartig in ein leises, glückliches und erleichtertes Brummeln, wenn er seine Mama zur Stallgasse hereinkommen sah. Nun war die Welt wieder in Ordnung. Jetzt brauchte Barny erst einmal einen großen Schluck Muttermilch, dann war er wieder komplett zufrieden.

7.

Am kommenden Sonntag stand ein großes Ereignis bevor: unser Ausflug zur Fohlenschau in Weisweil. Eigentlich war es eher eine Fohlen-Präsentation. Denn bei einer offiziellen Fohlenschau gibt es Prämierungen durch fachkundige Richter. In Weisweil hingegen wurden die Fohlen im Rahmen des Schauprogramms beim Reitturnier präsentiert, ohne eine Bewertung zu erhalten.

So eine Veranstaltung gab mir eine Möglichkeit zu üben. Gerne nahm ich die Gelegenheit wahr, Barny vor der regulären Fohlenschau einmal auf einem fremden Gelände vorstellen zu können. Natürlich brachten der Transport und der Aufenthalt in dem Getümmel gewisse Risiken mit sich. Aber es hatte auch Vorteile. Zum Beispiel konnte ich als unerfahrene Züchterin den kompletten Ablauf mit Verladen und Vorstellen schon einmal erproben. Beide Pferde, Stute und Fohlen, sollten perfekt aussehen, auch wenn es nur um das unfachmännische Lob des Publikums ging.

Zum Glück spielte das Wetter schon am Samstag mit. Die Sonne schien. Es war warm, warm genug, um Mähne und Schweif zu waschen.

Am Waschplatz gab sich keine Möglichkeit, Luana anzubinden. Früher stand sie auch unangebunden wie eine Eins. Man legte ihr den Führstrick über den Hals und konnte ohne Bedenken seiner Tätigkeit nachgehen. Seit Barny auf der Welt war, hatte sich ihr Verhalten jedoch verändert. Zu groß war der Mutterinstinkt. Direkt neben dem Waschplatz befanden sich die Junghengste. Luanas Aggressivität gegenüber anderen Pferden und vor allem Hengsten war seit der Geburt enorm gestiegen.

In den letzten Tagen hatte ich nach dem Longieren mehrmals versucht, Luana abzuspritzen und den Schweiß aus dem Fell zu waschen. Ich hatte keine Chance. Die früher eher zurückhaltende und schüchtern wirkende Luana konnte seit der Trächtigkeit zur Hyäne werden.

Ich wollte auf keinen Fall ein Risiko eingehen, weder für Luana und Barny, noch für einen der Junghengste. Aber dieses mal musste es einfach gehen. Luana und Barny sollten morgen aussehen wie aus dem Ei gepellt. So stellte ich mir das zumindest vor. Und ich hatte Glück. Da Luana erneut rossig geworden war, zeigte sie sich wieder umgänglich. Sie stand ruhig am Waschplatz. Freundlich blickte sie in Richtung Paddock und flirtete mit den Hengsten. Dank dieser Verhaltensänderung ging das Waschen einfach und schnell vonstatten.

Luana war fertig. Nun kam der Kleine an die Reihe. Hierzu stellte ich Luana zurück in den Stall und mein Helfer brachte Barny draußen vor das Boxenfenster. Auf diese Art konnten sich die beiden sehen und, wenn sie wollten, sogar berühren. Dies war die erfolgversprechendste Vorgehensweise. Und es klappte bilderbuchmäßig. Barny stand total ruhig und gelassen im Innenhof, schaute seiner Mama zu und störte sich nicht daran, dass wir ihm mit einem Eimer voll Wasser seinen kleinen Fohlen-Stummelschwanz wuschen. Einfach ein Traumfohlen! Barny besaß so viel Vertrauen. Keine Ahnung, was ihn überhaupt noch schockieren konnte. Ein weiteres Mal war ich stolz auf ihn.

Nach der Waschprozedur brachte ich den Kleinen wieder in seine Box. Schnell putzte ich noch die Trense und packte alles, was benötigt wurde, in den Pferdeanhänger. Dann fuhr ich nach Hause.

Am nächsten Tag war ich schon morgens im Stall. Es brauchte Zeit, die Pferde ordentlich vorzubereiten. Natürlich wollte ich auch nicht hetzen. Maria konnte leider nicht mitkommen, sie war im Urlaub. Trotzdem hatte ich zwei Helfer dabei. So schafften wir das schon. Barny war ja mittlerweile unkompliziert. Er hatte kein Problem mit fremden Leuten. Wir wuselten zu dritt in der Box umher, putzten die Pferde, bis sie glänzten wie eine Speckschwarte. Dann flocht ich bei Luana die Mähne ein. Sie kannte diese Prozedur aus ihrer Zeit als Turnierpferd zur Genüge. Sie störte sich nicht daran. Immer mal wieder brauchte sie dennoch eine kurze Ermahnung, den Kopf ruhig zu halten. Das Ergebnis war zufriedenstellend; „schön" bekommt man in diesem Zusammenhang sehr selten von mir zu hören. Für so ein Eigenlob war ich in diesem Fall viel zu perfektionistisch.

Anschließend war Barny mit seiner strubbeligen Lausbubenmähne an der Reihe. Für sein Alter waren seine Mähnenhaare schon sehr lang. Dies erleichterte natürlich das Einflechten. Noch nie zuvor hatte ich ein Fohlen eingezopft. Erwachsene Pferde ja, schon tausendmal. Aber beim Einflechten von Barnys Flusenmähne verzweifelte ich fast. Oh mein Gott! Wie sollte ich dieses Nichts zwischen meinen Fingern flechten können?

Barny war wirklich geduldig, aber natürlich nicht annähernd vergleichbar mit einem routinierten Sportpferd. Kaum hatte ich einen guten Flechtansatz gefunden, drehte er den Hals zur Seite, und dieser Hauch von Mähne zwischen meinen Fingern rutschte davon. Irgendwie schaffte ich es dann doch. Sogar den Minischweif flocht ich ein. Barny sah perfekt aus.

Wir waren exakt im Zeitplan. Theo hatte seine Stute mit dem Fohlen bereits im Pferdeanhänger. Nun starteten wir unseren ersten Verladeversuch. Ich ging sehr gelassen an die Sache heran. Luana war das Hängerfahren gewöhnt. Normalerweise stieg sie unproblematisch ein. Und Barny meisterte bisher sowieso alles mit Bravour. Also liefen wir gemeinsam mit Stute und Fohlen in Richtung Anhänger. Luana stapfte wie gewohnt die Laderampe hinauf. Der kleine Barny war dicht hinter ihr. Kaum hatte er jedoch den festen Untergrund unter seinen kleinen Hufen verloren und stand mit den Vorderbeinen auf der Rampe, blieb er abrupt stehen. Ich war perplex. Mein sonst so unerschrockenes Goldstück traute sich nicht einzusteigen.

Zwar hatte Theo mich vorgewarnt. Doch ich hatte trotzdem nicht damit gerechnet. Auch Luana war nicht darauf vorbereitet. Im selben Moment, als Barny stoppte, realisierte sie es. Sie bremste ebenfalls und schoss schneller als man denken konnte wieder rückwärts aus dem Pferdeanhänger heraus. Bloß nicht ihr Fohlen hier zurücklassen, dachte sie. Nun waren wir wieder so weit wie vorher: mit beiden Pferden draußen vor der Laderampe.

Theo war sofort zur Stelle. Unter seiner Anleitung und mit seiner männlichen Kraft schafften wir es im zweiten Anlauf, Luana und das Fohlen in einem Rutsch die Rampe hinauf zu schieben. Der Kleine konnte mit seinen zwei Monaten schon eine enorme Kraft entwickeln. Am Tag zuvor hatte ich noch gesagt, ich wüsste nicht, was dieses Kerlchen überhaupt erschrecken könnte. Nun weiß ich es: die Rampe eines Pferdeanhängers. Aber auch das würde er noch lernen. Auf jeden Fall war ich gottfroh, als dann doch ohne größere Probleme beide Pferde in den Anhänger eingestiegen waren.

Im Inneren war Barny wieder völlig entspannt. Es war lediglich die Rampe, welche ihm suspekt vorkam. Nachdem der Hänger geschlossen war, stand er neben seiner Mama, und die beiden mümmelten genüsslich an ihrem Heu. Die Fahrt selbst verlief ohne Schwierigkeiten. Luana war angebunden, während der Kleine sich frei bewegen konnte. Erstaunlicherweise standen die beiden total ruhig. Kein Poltern oder Trampeln war zu hören, welches auf Gleichgewichtsprobleme zurück zu führen gewesen wäre. Zugegebenermaßen fuhr ich auch, als hätte ich Paletten mit rohen Eiern geladen.

In Weisweil angekommen, ließen wir die Pferde zunächst im Anhänger. Sie sollten sich erst einmal mit der Geräuschkulisse vertraut machen. Außerdem hatten sie dort mehr Ruhe. Sie brauchten auch nicht unnötig draußen inmitten anderer Pferde herumzustehen und zu warten.

Sobald absehbar war, dass es bald los ginge, luden wir die Pferde aus. Dies ging wesentlich einfacher als zuvor das Einsteigen. Luana war total ruhig. Für sie war die Turnieratmosphäre nichts Neues. Barny hingegen machte große Augen, so viele Menschen, so viel Lärm und so viel Neues zu entdecken. Dazu kamen die laute Musik und dann überall die vielen fremden Pferde. Anfangs begrüßte er jedes mit einem kameradschaftlichen Wiehern. Ganz freundlich sagte er „Hallo". Bekam er eine Antwort, war er stolz wie Oskar. Er machte sich groß, seine Augen leuchteten. Der kleine Dreikäsehoch kam sich vor wie ein König.

Um die Muskulatur der Pferde zu erwärmen, liefen wir einige Male das kleine Wiesenstück hinter dem Pferdeanhänger rauf und runter. Barny war kaum zu bändigen. So hatte ich ihn noch nie erlebt. Er platzte schier vor Übermut. Er stieg an Luana hoch, machte Bocksprünge, rannte hin und her, vor und zurück. Ich hatte ihn am Strick und musste extrem aufpassen, um schnell genug auf Barnys Temperamentsausbrüche reagieren zu können.

Luana war nach wie vor total gelassen. Ich wusste aber auch, dass sich das schnell ändern konnte. In der Zeit, als Luana noch selbst auf Turnieren sportlich aktiv war, blieb sie sowohl bei der Vorbereitung als auch in der Prüfung die Ruhe selbst. Es gab aber eine Situation, die sie völlig aus der Spur brachte: Siegerehrungen. Hierbei war sie nervös und hektisch, konnte nicht stehen bleiben, scharrte und schlug nach vorne aus.

Die heutige Vorführung der Fohlen ähnelte einer Siegerehrung: Springplatz, Hindernisse, die nicht gesprungen werden dürfen, Lautsprecherdurchsagen, Musik und dazu ein applaudierendes Publikum.

Ich war gespannt, wie sich Luana später im Ring präsentieren würde. Aber bis jetzt war sie die Ruhe selbst und gab Barny viel Sicherheit in der fremden Umgebung.

Nach einer langen Wartezeit, bedingt durch ein technisches Problem der Lautsprecheranlage, ging es endlich los.

Das Schema einer solchen Präsentation ist einfach: Die Stuten betreten einzeln mit ihrem Fohlen nacheinander den Ring. Sie laufen an der Hand des Züchters im Kreis, und die Fohlen bewegen sich frei. Zuerst im Schritt und dann im Trab. Währenddessen erzählt der Sprecher einige nennenswerte Details über das jeweilige Fohlen. Zum Schluss bei der Endaufstellung befinden sich alle Stuten mit Fohlen gemeinsam auf dem Springplatz. Hierbei müssen die Fohlen am Strick geführt werden.

Luana und Barny waren als viertes Paar eingeteilt. Wir waren kaum durch den Eingangsbereich, da legte Luana den Schalter um. Sie riss die Augen auf, spannte ihre Muskulatur an und meinte, Geschwindigkeit und Laufrichtung selbst entscheiden zu können. Ich hatte alle Mühe, Luana einigermaßen kontrolliert in die Richtung gelenkt zu bekommen, in der ich sie haben wollte. In diesem Moment hätte ich sie umbringen können. Ich war so enttäuscht von meinem Pferd. Warum tat sie das immer und immer wieder? Sie war sonst so brav und ausgeglichen. Dieses Verhalten warf ein so schlechtes Bild auf dieses tolle Pferd und am heutigen Tag auch auf ihr Fohlen. Denn die Mutter vererbt einen Großteil des Charakters.

Überraschend viele Freunde und Bekannte waren gekommen, um Barny zu sehen, und Luana verhielt sich so unmöglich, dass eine ordentliche Fohlenvorstellung undenkbar war. Luanas Verhalten schüchterte Barny total ein. Er präsentierte sich dem Publikum gegenüber deutlich unter seinem Wert und suchte lieber Schutz hinter seiner Mutter. Schließlich signalisierte diese ihm eine gefährliche Situation. Es kostete mich enorme Kraft, Luana zu bändigen. Ich war froh, als wir die Arena endlich verlassen konnten und sich Luana wieder beruhigte.

Bei der nachfolgenden Schlussaufstellung benahm sich Luana allerdings noch unmöglicher. Nun sollte sie ruhig stehen bleiben. Das konnte sie überhaupt nicht. Sie scharrte mit den Hufen, versuchte sich im Kreis zu drehen, drückte ihr Hinterteil nach rechts und nach links. Ich war angespannt und permanent auf der Hut, Luana zu kontrollieren und von den anderen Pferden fernzuhalten. Ich wollte unter gar keinen Umständen eine Schlägerei mit den anderen Mutterstuten riskieren. Die Zeit schien nicht zu vergehen. Aus Minuten wurden gefühlte Stunden.

Barny stand total gelassen neben seiner toben-
den Mutter. Er hatte mittlerweile verstanden,
dass er keine Angst zu haben brauchte und dass
seine Mama nur etwas verrücktspielte.

Ich war erleichtert, als wir aus dem Ring
durften und wieder heil am Hänger ankamen.
Das Verladen für die Heimfahrt ging auch viel
schneller und unkomplizierter als am Morgen.
Zurück in Forchheim, als alle wieder gesund in
ihren Boxen standen, merkte ich, wie müde ich
war. Nicht nur für Barny, sondern auch für mich
war es ein aufregender Tag mit vielen neuen Erfahrungen gewesen.

8.

Die folgenden Tage verliefen ruhig. Der gewöhnliche Alltag zwischen Box und Koppel brachte Regelmäßigkeit und unsere Spaziergänge, Ausritte oder Longiereinheiten die nötige Abwechslung. Zwischendurch stellte ich Luana alleine auf den Reitplatz, während ich mit Barny außerhalb, aber in unmittelbarer Nähe, das Führen ohne die schützende Mutter an seiner Seite übte. Auf diese Weise schonte ich die noch immer nicht beschlagenen Hufe von Luana, und gleichzeitig konnte Barny sich auf dem für ihn wichtigen harten Boden bewegen. Für uns beide war es eine komplett neue Situation, ohne die beruhigende Anwesenheit der Mutter zu arbeiten. Doch was man nicht unbedingt erwarten konnte, nach kürzester Zeit funktionierte es prima. Barny störte es wenig, dass seine Mutter nicht direkt bei ihm war. Er kannte mich, und er vertraute mir.

Zwischenzeitlich standen alle drei Stuten zusammen mit ihren Fohlen gemeinsam auf einer Weide. Auch Starlight und ihr kleiner Hengst hatten sich zur Gruppe gesellt. Aber der Nachwuchs nahm noch immer nicht wirklich Kontakt zueinander auf. Barny beschäftigte sich stattdessen lieber mit sich selbst und hatte dabei nur Unsinn im Kopf. Er wurde zu einem kleinen Ausbrecher. Durch die begrenzenden Strombänder rannte er einfach hindurch. Zaunbretter, welche nicht hundertprozentig befestigt waren, drückte er kurzerhand ein. Es kam nicht nur einmal vor, dass Spaziergänger im Stall meldeten, ein Fohlen laufe frei herum. Und es war immer das Meinige. Ebenfalls war es kein Einzelfall, beim Reinholen der Pferde festzustellen, dass Barny zwar zufrieden, aber mutterseelenalleine auf der Nachbarkoppel stand.

Theo tat mir leid. Ausgerechnet mein Fohlen machte ihm vermehrte Arbeit. Barny kam für ein paar Tage in den „Hochsicherheitstrakt". Die Koppel am Haus war massiver gebaut. Der Zaun bestand aus großen, schweren Brettern. Zusätzlich befanden sich parallel dazu Strombänder mit einer stärkeren elektrischen Ladung. Hier sollte der kleine Lausbub wieder Respekt lernen, auch zu seiner eigenen Sicherheit!

Das nächste größere Ereignis aus Barnys Sicht stand bevor. Wir machten einen Ausflug mit dem Pferdeanhänger nach Ihringen. Das Verladen klappte dieses Mal hervorragend. Wir steuerten die Geländestrecke des dortigen Reitvereins an. Barny sollte Gelegenheit bekommen, sich alles anzuschauen. In einigen Jahren sollte er selbst ein Vielseitigkeitspferd werden. Zumindest war das mein Plan. Dann musste er draußen in der Natur über Gräben und Baumstämme springen, Stufen hinauf und herunter klettern sowie über Bodenwellen und durch Wasser hindurch galoppieren. Heute wollte ich ihm einfach die Möglichkeit bieten, sich die Eigenheiten einer Geländestrecke anzusehen. Er sollte diese zusammen mit seiner Mutter kennenlernen und dabei von ihrer Erfahrung und Gelassenheit profitieren. Wie schon einmal erwähnt, gibt es nichts Besseres und Stressfreieres für ein Fohlen, als Sicherheit und Vertrauen von seiner eigenen Mutter vermittelt zu bekommen. Ich wollte Barny zu nichts zwingen oder drängen, nicht einmal besonders motivieren. Er sollte einfach nur Spaß haben.

In Ihringen angekommen, luden wir gleich die Pferde aus. Barny durfte frei herumlaufen. Luana hingegen band ich am Pferdeanhänger fest. Ich legte ihr den Sattel auf und verschnallte die Trense. Wir ritten über die gesamte Anlage: einfach hin und her, rauf und runter, über Gras, über Sand und durch das Wasser. Barny war beeindruckt. So viel Neues! Er galoppierte quietschend umher. Er tobte sich nach Herzenslust aus und freute sich seines Lebens. Auf dem Außengelände der Reitanlage waren neben den festen Geländehindernissen auch normale Stangenhindernisse aufgebaut. Hier machte Barny sogar seinen ersten Sprung, ganz freiwillig und von alleine. Er lief an die Stangen, blieb stehen und betrachtete alles haargenau. Ich hielt Luana an und beobachtete gespannt, was gleich passieren würde.

Das Hindernis war nicht hoch und hatte seitlich keine Begrenzungen. Barny hätte erst gar nicht dorthin laufen müssen. Aber er war eben neugierig und interessiert an allem, was er nicht kannte. Er schnupperte immer noch an den Stangen und inspizierte jeden Quadratzentimeter. Plötzlich nahm er einen Satz und sprang in einem hohen Bogen, viel höher als notwendig, über das Hindernis. Diese Vorgehensweise wiederholte er noch ein paar Mal.

Nachdem Barny sich so selbstsicher präsentiert hatte, ritt ich mit Luana wiederholt die eine oder andere kleine Stufe hinauf und hinunter. Barny war stets dicht bei ihr. Die Stufe abwärts nahm Barny jedes Mal wie selbstverständlich und ohne zu zögern. Bei der Stufe hinauf entschied er sich hingegen stets für den einfachen Weg daran vorbei. Aber das war absolut okay. Der Kleine durfte alles, musste aber überhaupt nichts.

Als wir an das Wasser kamen und ich mit Luana zielstrebig hineinritt, stockte Barny. Dies war ihm nun doch etwas suspekt. Aber schnell merkte er, wie selbstverständlich seine Mutter hindurch ging. Für Luana machte es keinen Unterschied, ob sie ihre Hufe im Wasser oder auf dem Gras aufsetzte. Infolgedessen wagte es Barny bald, ihr gleich zu tun. Nach ein paar unsicheren Schritten fand er schnell Vertrauen zu dem ungewohnten Untergrund. Es dauerte nicht lange, da rannte und galoppierte er durch das Nass.

Das Wasserhindernis der Geländestrecke in Ihringen war für solche Übungszwecke perfekt angelegt. Es war ein flacher Teich mit einer Insel. Ich konnte also schön im Kreis durchs Wasser reiten, während Barny frei entscheiden konnte, wo er sich bewegen wollte. Der kleine Hengst fand Gefallen an diesem Spiel. Er flitzte um uns herum, immer wieder kam er ins Wasser: ein, zwei Galoppsprünge, dann wieder raus übers Gras und durch den Sand, dann wieder ins Wasser. Er drehte sogar mal eine ganze Runde im Teich.

Restlos überraschte mich Barny, als ich sah, dass er über einen kleinen Baumstamm ins Wasser sprang. Reihenweise bleiben hier die ausgebildeten Reitpferde stehen und trauen sich nicht abzuspringen. Und mein kleiner Barny nahm dieses Hindernis einfach mit, nur weil es ihm gerade im Weg stand. Ich war sehr beeindruckt von meinem Goldstück. Aber Barny hatte ja auch die besten Voraussetzungen. Was sollte da noch schief gehen. Er hatte noch nie schlechte Erfahrungen gemacht und besaß ein enormes Vertrauen zu uns Menschen. Er hatte eine tolle Mutter, die ihn an alles heranführte, und er hatte die Möglichkeit, so viel Neues und Aufregendes kennenzulernen.

Für diesen Tag reichte es jedoch. Ich sattelte Luana ab. Wir ließen die Pferde im Schatten der Bäume noch ausgiebig grasen. Hierbei erhielt der Kleine von vorbeigehenden Passanten viel Lob und Bewunderung. Das anschließende Verladen in den Anhänger ging völlig unproblematisch. Ich führte Barny wie einen Großen am Strick zum Hänger. Er war unsicher, aber sobald der erste Huf auf der Rampe war, lief er anstandslos hinauf und wartete im Inneren auf seine Mutter. Wir fuhren zurück nach Forchheim. Bestimmt träumte Barny noch lange von diesem schönen Ausflug ins Grüne.

Die Wetterlage hatte sich in der Zwischenzeit etwas entspannt. Immer wieder gab es kurze, aber teilweise kräftige Regenschauer. Dies ließ die Böden wieder etwas weicher werden. Trotzdem versuchte ich weiterhin, die unbeschlagenen Hufe von Luana nicht übermäßig zu strapazieren und meinen Wechsel zwischen Ausreiten und Longiertraining beizubehalten. Aus Barnys Sicht waren die Ausritt-Tage natürlich die besseren. Er wurde immer lebhafter. Sobald wir einige Zeit nur Schritt gegangen waren und dem kleinen Rabauken nicht genügend Action geboten wurde, biss er in alles hinein, was ihm zwischen die Zähne kam. Dabei verschonte er auch die Beine von Luana und von mir nicht. Das tat ganz schön weh. Somit zwang uns Barny, anfangs viel zu traben und zu galoppieren, bis der erste Übermut vorüber war.

Die Galopp-Passagen waren traumhaft. Das war Barnys Gangart. Perfekt verlängert er die Galoppsprünge, um mehr Boden zu gewinnen, anstatt die Frequenz zu erhöhen. Er zeigt schon jetzt einen hervorragenden Bewegungsablauf in dieser Gangart.

Nach der Arbeit bekommt Luana üblicherweise eine Abkühlung mit dem Wasserschlauch, zumindest bei warmen Temperaturen. Daran wollte ich nun auch Barny gewöhnen. Von unten, an den Hufen angefangen, spritzte ich ihn ganz vorsichtig ab. Man sah ihm an, dass er diese Situation komisch fand und nicht so recht einordnen konnte, woher dieses Wasser kam. Aber er war brav wie immer. Nach einer Weile begann er sogar, mit dem Wasserstrahl zu spielen. Er biss hinein und versuchte anschließend, die vielen Wassertropfen zu fangen. Er war ein aufgewecktes Fohlen, das an allem Spaß hatte. Viel seltsamer als das Abspritzen fand er hingegen, dass ich begann, seine Hufe abzubürsten. Vielleicht kitzelte ihn das. Aber mit Ruhe und Geduld klappte auch dies.

Inzwischen hatten wir Mitte Juni. Das Wetter war stabil, und die Nächte waren nicht mehr so kalt. Auch die Fohlen waren älter geworden. Sie waren nun bereit für den Umzug in die Paddock-Boxen, wo sie bis zum Herbst mit ihren Müttern zusammenbleiben sollten. Hier hatten sie die Option, sich nach Belieben im Stall oder im Freien aufzuhalten und das zu jeder Zeit und bei jedem Wetter.

Die robuste Haltung und die große Bewegungsmöglichkeit waren eine optimale Vorbereitung für die spätere Jungpferdeaufzucht. Außerdem brachten die Paddock-Boxen den Vorteil, die Pferde über einen Gang hinaus auf die Weide treiben zu können und sie nicht wie bisher am Strick führen zu müssen. Das Führen der Stute mit freilaufendem Fohlen war momentan noch unproblematisch, aber mit zunehmender Selbständigkeit des Nachwuchses würde es schwieriger und auch gefährlicher werden. Nicht auszumalen, wenn sich eines der Fohlen von der Mutter weg in die entgegengesetzte Richtung, nämlich zur Straße hin bewegte.

Die Paddock-Box hatte für uns einen einzigen Nachteil. Barny konnte ich hier keinesfalls alleine zurücklassen. Ich beschloss, Luana und Barny zum Putzen in ihre alte Box zu stellen und anschließend Barny dort alleine zu lassen, während ich Luana longierte. Diese Box kannte er, und solange diese Box frei war, war das die beste Lösung.

Barny war sehr intelligent. Er lernte enorm schnell. Sobald er eine Situation ein- bis zweimal erlebt hatte, verstand er sie. Er beobachtete auch sehr viel, um Zusammenhänge festzustellen und zu begreifen. Es war bemerkenswert zu sehen, wie fix sein kleines Gehirn arbeitete. Seinen Namen kannte er auch schon. Zugegeben, ich war mir nicht ganz sicher, ob er auf seinen Namen oder auf meine Stimme reagierte. In der Box war er sowieso besonders aufmerksam und registrierte alles, was um ihn herum passierte. Noch viel schöner war jedoch, dass ich etliche Male eine Antwort auf mein Rufen bekam, wenn Barny auf der Koppel stand. Es war so niedlich. Ich rief seinen Namen, und er schaute zu mir. Seine Augen leuchteten. Dann wieherte er freundlich.

Barny kannte nicht nur seine Leute, nein, er kannte auch sein Zuhause: seine eigene Box und auch den Weg dorthin. Das hatte er schon damals bei seiner Aktion mit dem Sprung über den Koppelzaun bewiesen, als er anschließend alleine in seine Box lief. Er hatte auch bereits am zweiten Tag nach dem Umzug in die Paddock-Box verstanden, dass das nun sein neues Domizil war. Seine Intelligenz wird bestimmt später einmal viele Vorteile beim Reiten bringen, vor allem in der Vielseitigkeit. Diese wird nicht umsonst die Krone der Reiterei genannt. Sie verlangt nicht nur vom Reiter, sondern auch vom Pferd volle Konzentration. Zweifellos muss ein Vielseitigkeitspferd mutig sein, aber ebenso wichtig ist der mentale Bereich. Es soll aufpassen, mitdenken und aufmerksam mitarbeiten. Das alles konnte Barny.

Das Einprägen von Abläufen konnte aber auch anstrengend sein. Zum Beispiel wusste Barny aus der Zeit, als die Pferde noch auf die Koppeln geführt wurden, dass es auf dem Heimweg nach dem Zaun links in den Feldweg ging. Seitdem die Pferde durch die Schleuse getrieben wurden, ging es jedoch geradeaus. In den ersten Tagen bog er hier wie selbstverständlich links ab. Es war ihm gleichgültig, dass der Weg eigentlich abgesperrt war und dass alle anderen Pferde im gestreckten Galopp den Weg geradeaus nahmen. Er zerriss das Absperrband und bog selbstbewusst an der gewohnten Stelle ab und galoppierte den Feldweg entlang, um den ihm bekannten Weg zurück zum Stall zu nehmen.

Luana hingegen verstand die Welt nicht mehr, als sie am Stall ankam und weit und breit kein Barny zu sehen war. Wo war ihr Kleiner geblieben? Sie waren doch gemeinsam von der Koppel losgelaufen. Und jetzt war er weg. Mit Theos Hilfe fanden sie aber jedes Mal wieder zusammen. Doch Barny lernte sehr schnell, dass sich Wege ändern können.

Endlich war der Tag gekommen, an dem Luana beschlagen wurde. Lange hatte ich auf diesen Termin warten müssen. Auch wenn sie nur vorne Hufeisen bekam, hatten wir dadurch beim Ausreiten wieder ganz andere Möglichkeiten. Ich freute mich auf diese ausgiebigen Ausritte. Mir selbst machte es viel mehr Spaß, aber in erster Linie sollte Barny Freude daran haben. Diesbezüglich konnte ich es kaum erwarten, bis das Auto des Hufschmieds durch die Hofeinfahrt herein rollte.

Wir überlegten, wie wir es am besten anstellten, Luana zu beschlagen, ohne dass Barny uns dabei störte. Er sollte weder den Hufschmied bei seiner Arbeit behindern noch anderweitig Unsinn anstellen. Den Gedanken, ihn alleine in der Box zurück zu lassen, verwarfen wir schnell wieder. Zwar verhielt sich Luana sehr anständig, wenn sie ihr Fohlen nicht in Sichtweite hatte, aber eben nicht ruhig genug, um einen guten

Beschlag zu garantieren. Die Gefahr einer Vernagelung durch ein plötzliches Wegziehen des Beines war zu groß.

Wir banden Barny gemeinsam mit Luana am Putzplatz an. Ich war stolz, vorführen zu können, dass mein kleiner Barny sich schon anbinden ließ. Diese Konstellation funktionierte auch bestens. Nun hatte Luana ihren Kleinen bei sich und konnte ihre Konzentration ganz auf den Hufschmied richten. Luana war absolut beschlagsfromm. Barny wartete ebenfalls sehr geduldig. Das war mehr, als man von einem Fohlen seines Alters erwarten konnte.

Irgendwann geht aber auch die größte Fohlengeduld zu Ende. Barny fing an herum zu kaspern. Ihm war langweilig. Anfangs fand er es noch spannend, was der fremde Mann mit seiner Mutter veranstaltete und wie viele seltsame Werkzeuge er anschleppte. Aber er durfte diese nicht einmal richtig betrachten. Jedes Mal, wenn er versuchte, die Dinge etwas genauer zu inspizieren, trug sie dieser Mann wieder aus seiner Reichweite. Und dabei hätte er sie so gerne gründlich untersucht. Die Geräte sahen nicht nur komisch aus, sondern sie rochen auch seltsam. Barny war irritiert. Es roch hier überhaupt verdächtig, irgendwie nach Rauch und nach verbrannter Mama. Ihre Hufe qualmten ja schon. Nein, da gefiel es ihm auf der Koppel doch wesentlich besser. Aber dafür war noch nicht die Zeit gekommen, er musste sich noch etwas gedulden.

Wir beschlossen, dass es für alle Beteiligten am einfachsten wäre, wenn ich mich um Barny kümmerte und ihn von seinen Kaspereien abhielt. Luana stand so ruhig, dass der Hufschmied sich zutraute, ihr alleine, also ohne meine Hilfe, die bereits angepassten Hufeisen aufzunageln. So funktionierte es perfekt, und wir bekamen ein zufriedenstellendes Ergebnis.

Nun war Barny an der Reihe. Der Hufschmied wollte bei ihm noch einmal eine weitere kleine Korrektur durchführen. Die erste hatte hervorragend angeschlagen. Die Stellung von Barnys Vorderhufen hatte sich in den letzten Wochen wesentlich verbessert. Jedoch war der Weg zum perfekten Ergebnis noch weit und konnte immer noch etwas Unterstützung vertragen.

Für die Arbeiten an Barnys Hufen gingen wir in die Box. Die vertraute Umgebung gab ihm mehr Sicherheit. Er benahm sich vorzüglich und hielt absolut still. Er hatte noch nie schlechte Erfahrungen gemacht, weder mit dem Hufschmied noch mit anderen Menschen. Also warum sollte er Angst haben? Hufegeben kannte er bereits. Außerdem war es viel spannender, selbst an der Reihe zu sein als nur zuzusehen. Er konnte fühlen und spüren, was der Mann da tat.

Die Arbeit war schnell erledigt. Vom Hufschmied erhielt ich ein großes Lob für meinen kleinen Hengst. Da er gut mitarbeitete, bekamen wir auch unser gewünschtes Ergebnis. Und somit waren wir alle zufrieden: Luana hatte ihre Eisen, Barny hatte schon wieder viel Spannendes erlebt, der Hufschmied konnte ohne Probleme seiner Arbeit nachgehen und ich selbst freute mich über so viel Lob.

Später tobte sich Barny auf der Koppel aus. Dies war zwar weiterhin eine Seltenheit, doch manchmal überkamen ihn solche Anflüge von angestauter, überschüssiger Energie. Dann rannte und tobte er minutenlang über die Wiese. Beim Hufschmied hatte er so lange ruhig stehen müssen, da gab es einiges nachzuholen.

Bei seiner Toberei durchbrach der kleine Rabauke trotz Elektroband und Bretterzaun leider wieder einmal die Abgrenzung zur Nachbarkoppel. Hier stand das Gras noch hoch. Das Wiesenstück war unbenutzt und im Gegensatz zu seiner Koppel noch nicht abgegrast. Da machten das Rennen und Toben natürlich noch viel mehr Spaß. Barny animierte obendrein auch noch das kleine Hengstfohlen von Starlight, es ihm gleichzutun. Zu zweit war dieser Blödsinn noch viel lustiger. Theo würde nicht begeistert sein, wenn mein Lausbub nun auch noch sein Fohlen mit Dummheiten ansteckte.

Zurück in der Box brachte ich Barny einen Spielball für Pferde. Ich erhoffte mir, durch die Beschäftigung mit diesem seinen Übermut in eine vernünftige Bahn lenken zu können. Beim Spielen könnte er seiner Energie freien Lauf lassen. Und es funktionierte tatsächlich. Mit viel Freude nahm er das Geschenk an und trat dem Spielzeug sehr neugierig und aufgeschlossen entgegen. Immer wieder ging er zum Ball und vergnügte sich minutenlange damit. Ich war gespannt, ob er dadurch sein Lausbubenverhalten einstellte.

Ein paar Tage später stand erneut ein Fotoshooting an. Über das Wochenende bekam ich Besuch von Luanas Züchtern. Friedelinde und Egon ließen es sich nicht nehmen, das erste Fohlen ihrer ehemaligen Stute zu besichtigen. Außerdem waren die beiden gute Freunde von mir und ich freute mich riesig, sie wieder zu sehen. Friedelinde ist eine exzellente Fotografin. Sie besitzt eine erstklassige Ausrüstung. In Perfektion zu fotografieren ist ihr größtes Hobby.

Zusammen mit den Pferden gingen wir auf die gleiche große, schöne Koppel wie schon beim ersten Fotoshooting. Nur das Gras war mittlerweile wesentlich höher. An manchen Stellen verschwand Barny komplett darin. Aber genau das, genau dieses hohe Gras brachte eine

neue, ganz tolle Perspektive mit sich. Barny war so lieb, wir konnten alles mit ihm machen, all das, was zu wunderschönen, ausdrucksstarken und unvergesslichen Bildern führte. Weil er so zutraulich war, ließ er sich in jede gewünschte Szene bringen. Es machte uns allen unheimlich Spaß. Ich genoss jede Sekunde, in der mir mein Fohlen so viel Zuneigung schenkte. Außerdem spielte das Wetter mit. Wir schossen hunderte Fotos, eines schöner als das andere. Friedelinde machte mir damit das schönste Geschenk. Barny würde ich sowieso immer in meinem Herzen tragen, aber mit diesen Bildern werde ich mein ganzes Leben lang eine traumhaft schöne Erinnerung an die tolle Zeit mit diesem einzigartigen Fohlen haben.

Zurzeit ging es aus Fohlensicht Schlag auf Schlag mit Großereignissen. Diesmal kam eine Physiotherapeutin. Luana genoss den Luxus regelmäßiger Behandlungen, egal ob ihr etwas fehlte oder nicht. Auch ohne Blockaden oder Probleme in der Muskulatur freute sich Luana über die wohltuenden Anwendungen. Sie entspannte dabei völlig und ließ sich komplett auf die Physiotherapeutin ein. Gerade nach der Geburt war es mir wichtig, einen Rundumcheck durchzuführen. Oft kommt es hierbei tatsächlich zu größeren Blockaden, welche das Pferd später bei seiner Arbeit extrem behindern oder einschränken können. Bei Luana war zum Glück alles okay.

Danach war Barny an der Reihe. Die Physiotherapeutin meinte, es sei wohl das einzige Fohlen, das in den Genuss einer entspannenden Behandlung komme. Ich erwiderte ihr, es sei wohl auch das einzige Fohlen, welches dies mit sich machen ließe. Schließlich musste sie Barny für diese Behandlung überall anfassen können und sich obendrein genau hinter das Fohlen stellen. Und sie konnte dabei absolut sicher sein: Barny schlägt nicht aus! Das ist bei Fohlen nicht selbstverständlich.

Es war alles in bester Ordnung. Auch bei Barny stellte sie keinerlei Probleme oder Komplikationen fest. Ich war erleichtert, denn ich hatte mir schon Sorgen gemacht, er könnte sich vielleicht doch bei seinem Sturz vom Erdhügel oder beim Überschlag am Koppelzaun etwas zugezogen haben, was ich selbst nicht feststellen konnte. Nun hatte ich aber die fachmännische Bestätigung erhalten, dass Barny gesund war und konnte endgültig damit abschließen.

9.

Am nächsten Tag war ich nicht im Stall. Die Pferde hatten einen reinen Koppeltag. Die Zeit wollte ich nutzen, um zu Hause ein paar andere Dinge abzuarbeiten. Ich saß am PC und erledigte einen Teil des liegengebliebenen Schreibkrams. Da klingelte das Telefon. Das war bestimmt meine Mutter. Es gab nicht viele Leute, die auf dem Festnetz anriefen.

Ich blickte auf das Display. Die angezeigte Nummer war mir jedoch fremd. Ich nahm das Gespräch entgegen. Es meldete sich ein unbekannter Herr. Ich war gespannt, denn meine Festnetznummer war nirgends hinterlegt, in keinem Telefonbuch und auch nicht im Internet. Also musste er sie von irgendjemandem bekommen haben.

Der Mann sprach mich auf Barny an. Ich war überrascht. Er hatte Barnys Abstammung im Internet gelesen und war neugierig geworden. Über den Zuchtverband hatte er sich daher meine Telefonnummer besorgt. Er suchte ein Fohlen zum Kauf, welches er später im Vielseitigkeitssport einsetzen wollte. Der Mann war an Barny interessiert. Er wollte ihn gerne einmal anschauen.

Ich war geschockt! Allein der Gedanke, meinen kleinen Barny hergeben zu müssen, brach mir fast das Herz. Ich liebte ihn so sehr und konnte mir nicht vorstellen, mich jemals von ihm zu trennen. Aber ich wusste auch, dass ich mir auf Dauer die Haltung zweier Pferde nicht leisten konnte.

Barny würde groß werden: Er bräuchte eine eigene Box, eine eigene Versicherung, regelmäßig neue Hufeisen und immer mal wieder den Tierarzt. Andererseits wusste ich, wie schlecht es auf den Fohlenmarkt stand und wie schwierig es war, ein Fohlen zu verkaufen. Ich konnte mir etwas darauf einbilden, dass sich jemand ausgerechnet für Barny interessierte. Dies sprach natürlich für ihn und zeigte mir, dass er etwas Besonderes war. Aber genau, weil ich mir auf dem Fohlenmarkt kaum Hoffnung machen konnte, rechnete ich gar nicht mit Interessenten. Bislang hatte ich erwartet, Barny gezwungenermaßen behalten zu müssen.

Den dicken Kloß im Hals, den mir der Anruf dieses Pferdeliebhabers bereitete, ließ ich mir natürlich nicht anmerken. Es war vernünftig, einfach mal diesen Anrufer anzuhören und zu erfahren, was er mit meinem Barny vorhatte. Schließlich bedeutet unterhalten noch lange nicht verkaufen. Der Mann war sehr nett, und es war ein angenehmes Gespräch. Er erzählte, er suche ein Fohlen für seine Tochter. Sie war gerade mal acht Jahre alt, aber ritt nach seinen Schilderungen schon wie der Teufel. Momentan ritt sie noch Ponys, diese jedoch in verschiedenen Disziplinen bereits auf Turnierniveau. Und bis Barny ein richtiges Reitpferd sein würde, dauerte es ja sowieso noch einige Jahre.

Der Mann war mir sympathisch. Er ritt und züchtete selbst und schien sich gut auszukennen. Allerdings züchtete er Dressurpferde, und von denen wollte seine Tochter nichts wissen. Sie interessierte sich für den Vielseitigkeitssport. Aus diesem Grund war er auf Barny gestoßen. Er erzählte viel von sich und seiner Tochter. Er hatte anscheinend alles gut durchdacht. Erfahrung mit Fohlen und Jungpferdeaufzucht brachte er auch mit. Seine Darlegungen gaben mir das Gefühl, Barny wäre hier ein Familienmitglied. Außerdem standen ihm erfolgreiche, teilweise sogar international erfolgreiche Trainer und Reiter zur Seite. Für einen Moment schaltete ich mein Herz aus und handelte nur rational. So vereinbarten wir einen Termin zur Fohlen-Besichtigung.

Ein paar Tage später war es dann so weit. Der Kaufinteressent kam in Begleitung seiner Tochter nach Forchheim, um Barny anzuschauen. Ich versuchte, die Situation professionell und ohne Emotionen anzugehen. Das Mädchen war natürlich total begeistert. Kein anderes Fohlen, welches die beiden zuvor schon besichtigt hatten, war so lieb und zutraulich und beherrschte bereits das kleine Fohlen-Einmaleins im täglichen Umgang.

Ich sattelte Luana. Zusammen mit den Interessenten gingen wir auf eine nahe gelegene Wiese. Hier ritt ich die Stute im Trab und im Galopp kreuz und quer über das gesamte Areal. Barny lief während der ganzen Zeit bereitwillig und motiviert nebenher und präsentierte sich von seiner besten Seite.

Hinterher unterhielten wir uns im Stall noch lange über Luana und Barny, allgemein über Pferde und individuelle Einstellungen zum Reitsport. Vater und Tochter waren mir nach wie vor sympathisch. Vermutlich hätte es Barny gut bei ihnen. Sie zeigten weiterhin Interesse an einem Kauf. Wir verblieben so, dass wir uns beide nochmals Gedanken machen und dann wieder in Kontakt treten wollten.

Der Gedanke, meinen geliebten Lausbub wieder hergeben zu müssen, beschäftigte mich natürlich. Zumindest in der Zeit, die ich mit Barny verbrachte, versuchte ich, diese Situation zu verdrängen. Barny war nun drei Monate alt. In dieser Zeit hatte er mir so viele herrliche und glückliche Augenblicke geschenkt. Mindestens drei weitere Monate würden noch folgen. So lange würde er noch bei seiner Mutter sein. Diese Zeit wollte ich genießen und sie mir nicht durch trübe Gedanken verderben lassen. Ich wollte Barny durch seine Kinderstube begleiten, und ich wollte für ihn da sein, um ihm einen perfekten Start für einen guten Lebensweg zu ermöglichen. Es war schön zu beobachten, wie Barny dieses Wohlwollen schätzte. Er freute sich jedes Mal, mich zu sehen. Er gab mir all meine Zuneigung doppelt zurück.

Eine Situation werde ich wohl niemals vergessen: Normalerweise führte mein erster Weg im Stall zur Box von Luana und Barny, um den beiden kurz „Hallo" zu sagen. Dabei konnte ich mit einem Blick die Lage checken, noch bevor ich meine Tasche und meinen Autoschlüssel im Schrank ablegte.

An diesem Tag hatte ich es eilig und nahm den direkten Weg zur Sattelkammer. Danach lief ich an Barnys Box vorbei zu einem anderen Pferd. Als Barny das bemerkte, kam er wiehernd und schnellen Schrittes auf mich zu. Er streckte seine kleine Schnauze durch die gitterfreie Stelle über dem Futtertrog. Er zeigte mir so, wie sehr er sich freute, mich zu sehen. Nun war es egal. Barny hatte ja recht. Zeitdruck hin oder her, Zeit um „Hallo" zu sagen musste sein. Ich schob die Boxentüre auf und ging hinein. Barny kam zu mir und legte seinen Kopf auf meine Schulter. So stand er einige Zeit regungslos da, als wolle er sagen: „Schön, dass du wieder da bist!"

Mittlerweile war Sommer. Es war heiß. Das Thermometer kletterte auf fast 40°C. Für den kleinen Barny mit seinem dichten, langen Fohlenfell war es viel zu heiß. Mehr als einmal kam ich am Abend in den Stall, und beide Pferde standen schweißtriefend in der Box. Unsere Aktivitäten beschränkten sich daher auf Duschen und manchmal spät abends, wenn die Sonne bereits untergegangen war, auf einen kleinen Ausritt im Schritttempo. Am Waschplatz bewährte sich wieder mal Barnys exzellente Umgänglichkeit. Vermutlich hätte kein anderes Fohlen das Abspritzen mit dem Wasserschlauch über sich ergehen lassen. Somit war er bestimmt das einzige Fohlen, welches bei dieser Hitze eine kühlende Dusche genießen durfte. Er verhielt sich wie ein Großer. Selbstsicher spielte er mit dem Wasserstrahl und vollführte anschließend, tropfnass und frisch abgekühlt, übermütige Bocksprünge.

Langsam begannen die Vorbereitungen für die Fohlenschau. Als erstes stand ein Hufschmied-Termin auf dem Plan. Sein letzter Besuch war noch nicht lange her. Es gab daher nicht viel zu korrigieren. Trotzdem war es mir wichtig, vor der Fohlenschau nochmals die Hufe auf Vordermann zu bringen. Sie sollten ordentlich und gepflegt aussehen.

Der Hufschmied war wie immer überpünktlich und ging gleich an seine Arbeit. Luana ließen wir in der Box. Klein Barny stellte ich auf den Paddock und band ihn an. Von hier aus konnte er seine Mutter nicht sehen. Allein das war schon eine große Herausforderung für ihn. Natürlich stand er in gewohnter Umgebung. Aber trotzdem war es alles andere als selbstverständlich, ja sogar eine Meisterleistung, dass er dort ohne Luana so entspannt blieb. Der absolute Höhepunkt war jedoch seine Gelassenheit bei der Hufkorrektur. Er stand einfach nur da und ließ den Hufschmied arbeiten. Ganz zufrieden schaute er sich die Umgebung an, während an der Perfektionierung seiner Hufe gearbeitet wurde. Viele erfahrene Reitpferde könnten sich am vorzüglichen Benehmen von Barny ein Beispiel nehmen!

Die Hitzeperiode brachte viel Staub mit sich. Dieser hatte sich massenhaft im Fell festgesetzt. Deshalb stand am Tag vor der Fohlenschau ausgiebiges Waschen auf dem Programm. Wir waren zu zweit. Dies erleichterte die Prozedur. In kurzen Hosen und mit Gummistiefeln standen wir am Waschplatz. Barny bemerkte überhaupt nicht, dass etwas anders war als beim üblichen Duschen. Vermutlich wunderte er sich nur, warum er zweimal abgespritzt wurde. Das Shampoonieren zwischen den beiden Waschgängen sah er als kleine Massage an.

Schnell, einfach und gut ging alles vor sich. Bei dieser Wärme trocknete das Fell rasch ab. Selbst das dichte Fohlenfell war im Nu wieder trocken. Barny glänzte wie ein geschliffener Diamant. Sein Fell fühlte sich an wie Seide, und seine Mähne wehte locker im warmen Sommerwind. Er sah so schön aus. Ich musste ihn immer wieder ansehen und anfassen.

Theo versprach mir, Luana und Barny am kommenden Morgen nicht auf die Weide zu stellen. Ein erneutes Staubbad würde die ganze Mühe zunichtemachen. Auch die Box mistete ich besonders gründlich und streute eine Extraportion Stroh hinein. Das saubere Fell sollte möglichst nicht mehr mit Schmutz in Verbindung kommen. Alles andere war schnell vorbereitet. Die Ledersachen wurden geputzt und gefettet sowie ein paar andere Utensilien zurechtgelegt, um am nächsten Tag einen reibungslosen Ablauf zu gewährleisten. Dann fuhr ich nach Hause.

10.

6 Uhr. Der Wecker klingelte. Die Sonne schien bereits hell durch mein Schlafzimmerfenster. Ich drückte die Sleep-Taste und drehte mich noch einmal um. Nur noch zehn Minuten liegenbleiben, um Kraft zu tanken für den anstrengenden Tag. Im Kopf ging ich schon einmal alle wichtigen Punkte durch. Die „To-do-Liste" für heute war lang. Es gab für den Veranstalter, für die Pferde, für meinen Hund und für mich selbst 99 wichtige Kleinigkeiten, die ich alle nicht vergessen durfte.

Der Wecker klingelte erneut. Nun hieß es aber endgültig raus aus den Federn. In zweieinhalb Stunden musste ich im Auto sitzen. Das hört sich lang an. Aber duschen, frühstücken und ein ausgiebiger Morgenspaziergang mit meinem alten Rüden Charlie füllten diese Zeit locker aus. Außerdem plane ich immer etwas mehr Zeit ein. Erfahrungsgemäß braucht man sowieso meistens länger als gedacht. Über den eingebauten Zeitpuffer war ich schon oft dankbar.

Aber es lief alles gut. Pünktlich saß ich im Auto. Die Zeit reichte sogar noch, um beim Bäcker ein paar Laugenbrezeln für meine Helfer zu besorgen. Luanas frühere Reitbeteiligung war extra aus Frankfurt angereist, um uns zu unterstützen. Sie hieß auch Maria, genauso wie die aktuelle Reitbeteiligung, die uns ebenfalls behilflich sein wollte.

Nun war ich auf dem Weg zum Stall. Die Frankfurter Maria saß neben mir. Ich hatte sie unterwegs am Bahnhof in Denzlingen abgeholt, denn sie wollte schon bei den Vorbereitungen mithelfen. Wir hatten noch nicht mal 10 Uhr. Die Sonne brannte vom wolkenlosen Himmel. Das Außenthermometer meines Bordcomputers zeigte bereits 25°C an. In Forchheim angekommen führte unser direkter Weg zur Box von Luana und Barny. Ich freute mich, die beiden mit sauberem Fell anzutreffen. Keiner von ihnen hatte sich in der Nacht in den Mist gelegt. Das gestrige Waschen hatte sich also gelohnt. Bevor wir mit den Vorbereitungen anfingen, drehten wir mit den Pferden noch eine klitzekleine Runde. Barny sollte sich einmal kurz bewegen dürfen, jedoch nicht zu viel. Wir wollten ihn auf keinen Fall schon vor seinem Auftritt müde machen. Aber er sollte sich die Beine vertreten können, damit er später für das Einflechten der Mähne ruhig stehen blieb.

Der Plan ging auf. Barny stand relativ kurz angebunden aber dennoch geduldig in der Box. Maria fütterte ihn zur Ablenkung mit Heu, während ich viele kleine Zöpfchen in seine Mähne flocht. Barnys Mähnenhaare waren seit der Fohlenschau in Weisweil ein ganzes Stück gewachsen. Es ergab doppelt so viele Zöpfe wie beim letzten Mal.

Das Einzopfen teilte ich auch dieses Mal wieder in zwei Abschnitte auf. Zuerst flocht ich die Zöpfe nach unten. Dann bekam Barny eine Pause, die ich nutzte, um Luana einzuflechten. Diese war wider Erwarten unruhiger als der Kleine. Aber mit ihr hatte ich nicht so viel Geduld wie mit dem Fohlen. Von ihr erwartete ich, dass sie still stehen bleiben konnte. Doch es waren einfach zu viele Fliegen um sie herum. Sie stampfte und schüttelte sich, um die lästigen Insekten loszuwerden.

Das Ergebnis meiner Flechtkunst war trotzdem einigermaßen akzeptabel. Ich gab mich damit zufrieden, denn Barny war schließlich die Hauptperson, und er musste gut aussehen. Ein Zöpfchen wollte ich jedoch bei Luana noch korrigieren. Für Barny dauerte das zwei Minuten zu lang. Er war völlig entspannt und ließ sich von den vielen Leuten in der Box nicht stören. Jetzt wollte er schlafen. Mit einem tiefen Grunzen ließ er sich in die Einstreu sinken. Seitlich und komplett flach legte er sich auf den Boden, schön mit den Zöpfchen in die lockeren Sägespäne. Er genoss es sichtlich, durch Hinundherreiben des Kopfes die Späne in den Zöpfen zu verteilen.

Ich sah ihn empört an, denn er verschaffte mir gerade eine aufwendige Zusatzarbeit. Die Sägespäne, welche wie dicke Schneeflocken in der gesamten Mähne hingen, durfte ich allesamt wieder einzeln heraus pulen. Aber ich wollte nicht schimpfen, verstanden hätte er es sowieso nicht. Andererseits war ich froh, dass er sich hingelegt hatte. Im Liegen hielt er schön still. Somit ging die zweite Einflecht-Phase einfacher und schneller vor sich. Kaum hatte Barny seine richtige Liegeposition gefunden, döste er bewegungslos vor sich hin.

In aller Ruhe pulte ich zuerst die Sägespäne einzeln aus der Mähne, dann formte ich die herunterhängenden Zöpfe zu kleinen Knötchen, wie mit dem Lineal gezogen, eines neben dem anderen. Als Krönung bekam jedes fertige Zöpfchen seiner tiefschwarzen Mähne einen weißen Gummiring. Barny sah gut aus: das perfekte Äußere für ein in meinen Augen perfektes Fohlen.

Ich fand ihn wunderschön, meinen Barny. Aber das war Geschmacksache, das war mir schon klar. Auf der Fohlenschau in Meißenheim gab es mit Sicherheit noch qualitätsvollere Fohlen. Aber in bestimmten Punkten kam kein anderes Fohlen an ihn heran, da war ich mir sicher: an seinen Charakter, seinen klaren Kopf und seine Aufgeschlossenheit dem Menschen gegenüber. Dieses Pferd wird später einmal alles tun für seinen Freund, den Menschen. Es wird kämpfen, auf jedem Turnier und in jeder Prüfung. Freunde arbeiten zusammen als Team. Und ich wünsche meinem kleinen Barny, dass er stets nur Reiter bekommen wird, die ihn als Freund ansehen und nicht als Sportgerät. Reiter, die sich seine Einstellung zunutze machen, aber ihn nicht benutzen, die ihn sein lassen wie er ist und ihm seinen Glauben an das Gute im Menschen nicht nehmen. Ich war überzeugt von meinem Barny, und diese Charakter-Einschätzung ließ ich mir von niemandem nehmen, egal was dieser Tag noch bringen würde. Meiner Auffassung nach war Barny perfekt, und ich liebte ihn über alles.

Schluss mit diesen Gedanken, dies hielt mich nur von meiner Arbeit ab. Wir wollten pünktlich losfahren. Das meiste war dank Marias Unterstützung bereits erledigt. Sie hatte während meiner Einflechtaktion die Pferde geputzt und ein paar Sachen, die wir mitnehmen wollten, zurechtgelegt. Auf dem Weg zum Pferdeanhänger hielten wir noch kurz am Waschplatz an. Das Fell der Pferde glänzte von oben bis unten, nur die Hufe waren verdreckt. So konnten wir selbstverständlich nicht losfahren. Einmal schnell Generalreinigung mit Wasser und Bürste, anschließend zur Verschönerung etwas Fett darauf, und die Pferde waren fertig und sahen nun tadellos aus.

Das Verladen ging schnell. Ruckzuck standen beide im Anhänger. Ich verriegelte die Laderampe und verschloss die darüber liegende Öffnung. Bei dieser Wärme tat es mir leid, die Heckseite völlig dicht machen zu müssen. Trotz der offenen Fenster im vorderen Bereich würde sich aller Voraussicht nach der Innenraum schnell aufheizen. Aber es ging nicht anders. Barny war nicht angebunden, und die Gefahr, dass er aus Dummheit versuchen würde, aus dem fahrenden Anhänger zu klettern, war zu groß. Der Weg war nicht weit, und diese Vorsichtsmaßnahme musste ich nur während der Fahrt treffen. Irgendwie würde es schon gehen.

Unsere benötigten Utensilien hatten wir zuvor kontrolliert, sodass wir uns umgehend auf den Weg machten. Die Strecke führte fast ausschließlich über die Autobahn. Der Veranstaltungsort befand sich am Rand einer kleinen Gemeinde am Rhein, wunderschön am Waldrand gelegen.

Barny gehörte zur Gruppe der vielseitigkeitsbetonten Fohlen. Diese wurde als letzte vorgestellt. Demnach kamen wir später als die meisten Teilnehmer an. Entgegen meiner Erwartung bekamen wir noch einen guten Parkplatz, zwar etwas abseits, aber ruhig und schattig. Als erstes erlöste ich die beiden Pferde aus der angestauten Hitze. Einmal vorne und hinten geöffnet zog

frische Luft durch den Innenraum des Pferdeanhängers, und schnell war er wieder angenehm
temperiert. Das liebte ich an diesem Anhänger.
Anders als ein Auto kühlte er sehr schnell wieder ab.

Um unseren Startplatz zu bestätigen, suchte ich die Meldestelle auf. Dann luden wir die
Pferde aus. Barny hatte während der Fahrt stark
geschwitzt, war aber bereits wieder abgetrocknet. Allerdings war sein zuvor glänzendes Fell
nun verklebt und zeigte viele hässliche weiße
Schweißränder. Also hieß es noch einmal Putzen. Zum Glück war das Fell trocken. So ließ es
sich schnell und einfach säubern. Es waren viele
Helfer gekommen, und jeder, der konnte, packte
mit an. Ich glaube, keiner der anderen Teilnehmer reiste mit derart vielen Begleitern an. Dank
der Unterstützung verliefen die Vorbereitungen
reibungslos.

Schön zurechtgemacht gingen wir los in Richtung Vorführring. Barny sollte sich warmlau-
fen. Seine Muskulatur musste auf Betriebstem-
peratur kommen. Nur so war es ihm möglich,
sich optimal zu präsentieren. Barny war kein
Bewegungskünstler, kein „Lampenaustreter",
wie man umgangssprachlich die Dressurpferde bezeichnet. Diese schönen und eleganten
Bewegungen waren für ein Vielseitigkeitspferd
zweitrangig. Das war auch nicht mein Zuchtziel

gewesen. Aber man muss ganz klar sagen, gute Bewegungen erzielen hohe Punkte. Und hohe Punktzahlen ergeben gute Fohlenbewertungen! Ich hoffte einfach auf einen fairen Richter, der sich bewusst war, was er vor sich hatte: nämlich ein Halbblut für den Busch und kein Dressurpferd.

Barny war erstaunlich gelassen. Keine Spur von Übermutsanfällen wie damals in Weisweil. Aber er war wieder genauso aufgeschlossen anderen Pferden gegenüber. Er begrüßte sie auch heute mit einem begeisterten Wiehern. Trotz der fremden Umgebung waren nicht die geringsten Anzeichen von Unsicherheit oder gar Ängstlichkeit zu spüren. Im Gegenteil, es hatte den Anschein, als freue er sich über die Abwechslung und so viele Kameraden.

Ehe wir selbst in den Ring gerufen wurden, schauten wir uns noch ein paar Präsentationen der Konkurrenz an, nicht um vorab zu spekulieren, wer wohl das beste Fohlen hätte. Nein, ich wollte mir den Ablauf ansehen, vielleicht sogar ein paar Tricks abschauen, wie man sein Fohlen optimal vorstellt. Für mich war es die erste Fohlenschau, und wie immer wollte ich alles perfekt machen.

Aus dem Lautsprecher ertönte der Aufruf für die Startnummer 395. Das waren wir. Nun ging es los. Luana wurde von ihrer Reitbeteiligung geführt und ich hatte Barny an der Hand, als wir vor die Richter traten. Zuvor hatte ich tagelang überlegt, wie wir die Aufgaben aufteilten. Was war die beste Kombination? Sollte ich Luana selbst führen? Ich wusste, sie konnte schwierig sein.

Diejenige, die die Stute führt, bestimmt sowohl im Schritt als auch im Trab das Tempo und beeinflusst so die Fohlenpräsentation positiv oder negativ. Sie soll durch Zulegen und Einfangen der Geschwindigkeit das Fohlen optimal vorstellen, aber kann dieses die meiste Zeit gar nicht sehen. Die zweite Person kann später in der Freilauf-Phase mit einem Raschelband an der Peitsche in einem gewissen Rahmen motivierend auf das Fohlen einwirken. Ziel einer optimalen Vorstellung ist es, dass das Fohlen locker und schwungvoll neben der Mutter hertrabt. Bewegt sich die Stute zu langsam, fehlt das energische Abfußen der Hinterbeine, welches für die Schwungentwicklung notwendig ist. Trabt die Stute zu schnell, beginnt das Fohlen zu galoppieren. Wirkt der Helfer mit seiner Peitsche zu stark oder zu abrupt ein, fällt das Fohlen ebenfalls in den Galopp. Unterstützt er das Fohlen zu wenig, fehlt diesem die Spannung, welche es für einen ausdrucksstarken Trab benötigt. Somit sind beide Personen wichtig und tragen Verantwortung.

Für mich war in erster Linie eines entscheidend: Ich wollte niemals das Gefühl haben, auf der anderen Position hätte ich ein besseres Ergebnis für Barny erzielt. Und ich wollte niemals jemand anderen dafür verantwortlich machen, ihm eventuell sogar Vorwürfe machen, dass mein Fohlen schlecht abgeschnitten hatte. Nach reiflicher Überlegung entschied ich mich dafür, Barny zu führen und somit während der Freilauf-Phase die Position an der Peitsche zu übernehmen. Ich wollte sehen, wie Barny sich zeigte. Ich wollte verstehen können, warum die Richter ihn lobten oder kritisierten. Außerdem war es mir so möglich, Maria gegebenenfalls Anweisung zu erteilen, das Tempo zu erhöhen oder zu verringern.

Nun war der Moment gekommen, wo sich zeigte, ob ich die richtige Entscheidung getroffen hatte. Vor den Richtern lag eine bunte Holzstange am Boden. Diese markierte die Stelle für eine optimale Beurteilung des Fohlens aus dem Stand. Parallel zu dieser Stange stellten wir uns auf. Ich trat einige Schritte zurück, damit die Richter freie Sicht hatten. An meine Peitsche hatte ich Plastikstreifen gebunden und wedelte damit vor Barnys Nase herum, um eine aufmerksame Haltung zu erzielen. Barny stand ruhig und ausdrucksstark auf seinem Platz. Zwei Richter kamen auf ihn zu. Sie begutachteten ihn aus der Nähe, gingen dann einmal komplett um ihn herum, um ihn von allen Seiten beurteilen zu können. Immer wieder machten sie sich Notizen. Auf Anweisung der Richter nahm ich das Halfter ab und ließ Barny los. Ohne störendes Leder am Kopf sah das Pferd am elegantesten aus.

Jetzt begann die Freilauf-Phase. Maria führte Luana zuerst im Schritt. Barny lief schreitend und gelassen nebenher. Dies war schon einmal ein positiver Anfang. Dann kam das Kommando zum Antraben. Luana folgte bereitwillig Marias Anweisung. Barny hingegen galoppierte an, korrigierte dies aber sofort und trabte brav neben seiner Mutter her. Ich versuchte, etwas mehr Bewegung und Ausdruck aus ihm heraus zu kitzeln – vergebens. Weder durch Luanas Tempo noch mit der Peitsche ließ sich Barny positiv beeinflussen. Der kleinste Versuch, ihn in Szene zu setzen, endete im Galopp.

Ich war sehr enttäuscht. Ich wusste, Barny hatte nicht den besten Trab. Aber er konnte wesentlich mehr als er zeigte! Die Richter gaben zu verstehen, dass sie genug gesehen hatten. Luana und Barny kamen in die sogenannte Einfangbox. Dieser kleine, abgesperrte Bereich diente dazu, das Fohlen am Weglaufen zu hindern und ihm so wieder das Halfter anlegen zu können. Barny hätte sich selbstverständlich auch ohne diese

Hilfe aufhalftern lassen. Aber der Veranstalter konnte nicht nur von gut erzogenen Fohlen ausgehen.

Betrübt verließ ich den Ring. Mit dieser Vorstellung im Trab konnte ich nicht zufrieden sein. Am Morgen hatte ich noch gesagt: Egal was dieser Tag bringt, für mich gibt es kein besseres Fohlen. Zu dieser Aussage stand ich auch nach wie vor. Die Ernüchterung kam aus einem anderen Grund. Ich war traurig. Barny hatte sich nicht gut präsentiert. Die Zuschauer konnten sein Potential nicht erkennen. Nun ja, die Beurteilung stand noch aus. Ich hoffte immer noch auf eine faire Bewertung der Richter. Mit dieser Trableistung hatte Barny jedenfalls Punkte verschenkt.

Der Mann am Mikrofon bat die Teilnehmer unserer Gruppe nochmals gemeinsam in den Ring. Nun wurden die Bewertungen der einzelnen Fohlen vorgelesen. Als wir an der Reihe waren, stellten wir Luana und Barny vor den Richtern auf. Das erste Mal am heutigen Tag war ich nervös. Ich hoffte auf ein wohlwollendes Urteil. Dies wünschte ich nicht für mich, sondern für Barny.

Die Stimme des Richters erklang: „395. Auch hier wieder ein Fohlen vom Vielseitigkeitsring. Das Fohlen ist deutlich im Typ, wie man sich das unter einem Vielseitigkeitspferd vorstellt:

langbeinig, etwas leichter als die klassischen Reitpferdefohlen, ein Fohlen mit einem sehr schönen Gesicht und einem gut gebauten Körper. Wenn man etwas kritisieren möchte, könnte der Hals vielleicht etwas höher angesetzt sein, sodass der Übergang zum Widerrist noch etwas harmonischer verläuft. In der Bewegung war das Fohlen korrekt, bei gutem Schritt. Im Trab hätte man sich vielleicht noch etwas mehr Schwung wünschen können. Aber dennoch, da dieses Fohlen aus unserer Sicht dem Zuchtziel eines Vielseitigkeitspferdes am ehesten entspricht, möchten wir hier gratulieren zum Siegerfohlen des Vielseitigkeitsrings!"

Ich war perplex. Nachdem sich Barny weit unter seinen Möglichkeiten präsentiert hatte, hatte ich auf eine gute, faire Bewertung gehofft. Aber mit so viel Lob und diesem fabelhaften Erfolg hatte ich nicht einmal zu träumen gewagt. Wow! Mein Barny war Siegerfohlen! Im Bruchteil einer Sekunde verwandelte sich meine Enttäuschung in Stolz, Stolz auf seinen Erfolg.

Die Zuchtleiterin kam auf mich zu. Sie überreichte mir einen großen Pokal und einen Gutschein für eine erneute Bedeckung meiner Stute. „Gute Stuten müssen gefördert werden. Und weiterhin Mut zum Blut", sagte sie. Dies ist ein Spruch, den viele Züchter von Vielseitigkeitspferden verwenden. Mit Blut ist das Vollblut gemeint. Vollblüter sind Pferde, welche schneller, leistungsbereiter und intelligenter sind als die normalen Warmblutpferde. Sie sind feiner und leichter im Typ. Genau diese Eigenschaften möchte man bei einem Vielseitigkeitspferd haben. Diese Pferde wollen arbeiten, und sie fordern es auch täglich ein. Dadurch kann es vorkommen, dass Pferde mit hohem Vollblutanteil für unerfahrene oder nur freizeitambitionierte Reiter schwierig zu händeln sind. Vollblüter haben jedoch meist keine so schwungvoll ausgeprägten Bewegungen.

So war es auch bei Barny. Ich fand es eine tolle Leistung der Richter, Barnys Vollblutmerkmale zu erkennen und mit in die Bewertung einfließen zu lassen. Es gab Fohlen in dieser Gruppe, welche sich wesentlich besser bewegt und somit auch mehr Punkte erzielt hatten. Trotzdem entsprachen sie nicht dem Ideal eines Vielseitigkeitspferdes. Die Richter hatten Barny nicht alleine an den Punkten gemessen, sondern sahen sein Potential als Vielseitigkeitspferd.

Auf der Punkteskala erreichten wir nur eine Silberplakette. Barny war also kein Goldfohlen. Das war in Ordnung. Dafür reichte seine heutige Leistung einfach nicht aus. Aber Gold oder Silber, das war mir nicht wichtig. Der Titel Siegerfohlen hatte mehr Gewicht. Obendrein war es sowieso schwer, für ein Fohlen mit hohem Vollblutanteil eine Goldplakette zu bekommen. Ich wollte ein Vielseitigkeitspferd, und dieses Zuchtziel hatte ich mit Barny optimal erreicht!

Nachdem wir den Ring verlassen hatten, stand nun noch das Kennzeichnen auf dem Programm. Hierbei werden alle Abzeichen und Wirbel, also alle individuellen Merkmale, welche ein Pferd aufweist, in eine fertige Schablone eingetragen. Anschließend wurde ihm ein elektronischer Chip unter die Haut gesetzt. Dieser ist Pflicht. Er enthält seine Lebensnummer und kann mit einem speziellen Lesegerät abgefragt werden. Zu guter Letzt bekam Barny noch ein Brandzeichen. Dieses zeigt das Symbol des jeweiligen Zuchtverbandes in Kombination mit den letzten beiden Ziffern der Lebensnummer.

Das Chippen sowie das Brennen verursachen im Moment einen kurzen Schmerz. Barny schrie jämmerlich, als der Chip durch eine große Kanüle unter seine Haut geschoben wurde. Zum Glück saß der Chip gleich beim ersten Mal perfekt, sodass man ihm diese Prozedur kein zweites Mal antun musste. Das Brennen verlief besser. Barny nahm einen Satz nach vorne, schlug einmal kräftig nach dem Brennmeister aus, und die Sache war vergessen. Sekunden später stand er schon wieder neben Luana, als sei nichts passiert. Nun hatte er alles überstanden. Auf dem Weg zurück zum Auto unterhielten wir uns noch mit verschiedenen Leuten. Schließlich ist so eine Veranstaltung auch immer ein Ort, an dem man alte Bekanntschaften pflegen und neue schließen konnte.

Der Tag war lang gewesen. Die Pferde waren müde von den vielen Eindrücken. So waren sie froh, als sie wieder auf den Hänger geführt wurden und wir uns auf den Heimweg machten. Auch ich war müde und war erleichtert, als beide Pferde wieder gesund in ihrer Box standen. Schnell erledigte ich noch alles, was zu tun war: Hänger ausräumen und reinigen, Box ausmisten, Pferde auszöpfeln und füttern. Dann fuhr ich nach Hause.

Auf der Fahrt bemerkte ich, wie sehr mein Magen knurrte. Den ganzen Tag über hatte ich außer einer Brezel nichts gegessen. Es war wie immer, zuerst kamen die Tiere und dann erst kam ich. Im Trubel des Tages hatte ich einfach vergessen, etwas zu essen. Zu Hause angekommen hatte ich keine Ambitionen mehr zu kochen. Meine Beine fühlten sich müde an, und die Lust auf weitere Aktivitäten in der Küche war auf den Nullpunkt gesunken. Ich entschied mich für belegte Brote. Das ging schnell und machte nicht viel Arbeit.

Gerade hatte ich mich zum Essen an den Tisch gesetzt, da meldete sich mein Handy. Zum Glück war es nur eine Textnachricht. Ich hatte keine Nerven mehr für lange Telefongespräche. Unser Erfolg hatte sich bereits herumgesprochen. Mehrfach meldeten sich Freunde und Bekannte, um mir zu Barnys tollem Erfolg zu gratulierten. Ich holte mein Handy aus der Tasche. Auf dem Display stand der Name von Barnys Kaufinteressenten.

Ich war gespannt. Er hatte als aufmerksamer Zuschauer die Fohlenschau besucht und war nach wie vor sehr an Barny interessiert. Er wünschte ein weiteres Treffen, um sich Barny noch einmal anzusehen und ihn seiner Frau zu zeigen. Vor allem aber wollte er mit mir reden. Ihm sei heute erst richtig bewusst geworden, wie sehr ich an diesem kleinen Fohlen hing, was es mir bedeutete und mit wie viel Liebe ich diesen kleinen Kerl großzog. Er wollte mir dieses Fohlen nicht wegnehmen, sondern suchte nach einem Weg, wie wir die Belange seiner Tochter, von mir und von Barny unter einen Hut bekommen könnten. Er dachte an verschiedene Varianten einer Besitzgemeinschaft.

Was für ein Tag! Zuerst Barnys Erfolg bei der Fohlenschau und jetzt diese überraschende Nachricht. Sollte es eventuell doch noch eine Möglichkeit geben, Barny zu behalten, oder zumindest seinen weiteren Lebensweg zu begleiten? Schnell versank ich in wunderschöne Träume. Ich stellte mir vor, wie schön es wäre, Barny aufwachsen zu sehen, mit ihm zu arbeiten und ihn später sogar selbst einreiten zu dürfen. Es war eine phantastische, ja unglaubliche Vorstellung, das eigene Fohlen selbst auszubilden. Vielleicht könnte ich sogar mit ihm Turniere bestreiten.

Stopp! Ich musste mir das aus dem Kopf schlagen und aus der Traumwelt zurück in die Realität finden. So wollte ich das eigentlich nicht. Auch wenn sich das fabelhaft anhörte, so abwegig erschien mir das Ganze nach kurzem Nachdenken. Ich wollte mein Pferd mit niemandem teilen. Entweder gehörte es mir, und ich konnte mit ihm tun und lassen, was ich wollte, oder ein anderer hatte das Sagen.

Zwei Besitzer hätten den Vorteil der Kostenteilung. Eine finanzielle Unterstützung bräuchte ich dringend, wenn ich Barny behalten wollte. Aber andererseits bedeutete dies auch, dass zwei Menschen gemeinsame Entscheidungen treffen müssten. Unterschiedliche Meinungen enden oftmals in nicht zufriedenstellenden Kompromissen oder führen zu Entschlüssen, die sich im Nachhinein vielleicht als Fehler herausstellen. Dann wird es immer einen geben, der anschließend dem anderen Vorwürfe macht. Die Konstellation einer Besitzgemeinschaft ist zunächst ein schöner Traum, aber endet häufig in einem Desaster.

Wenn ich meinen Barny behielte, dann ganz. Ich würde nach bestem Wissen und Gewissen alles dafür tun, dass es ihm gut ginge. Die anfallenden Entscheidungen für seinen weiteren Lebensweg wollte ich alleine treffen. So könnte ich dahinterstehen und versuchen, aus jeder Situation das Beste zu machen. Trotz meiner Skepsis freute ich mich über das Angebot. Sollte es zu einem weiteren Treffen zwischen dem Interessenten und mir kommen, dann würde ich mir selbstverständlich seine Vorschläge anhören und diese mit ihm diskutieren. Es bliebe dann immer noch mir überlassen, ob ich darauf einginge.

Nachdem einige Textnachrichten hin und her geschrieben worden waren, kam ich endlich dazu, meine belegten Brote zu essen. Danach machte ich mich bettfertig. Der Tag war lang und anstrengend gewesen. Todmüde aber glücklich fiel ich ins Bett und schlief sofort ein.

11.

Der nächste Tag war ein Sonntag. Sowohl die Pferde als auch ich ließen diesen Tag ruhig angehen. Wir verbrachten wieder einmal viel Zeit miteinander, ohne uns ein festes Beschäftigungsprogramm vorgenommen zu haben. Überhaupt war ich froh, dass in der nächsten Zeit keine Termine anstanden. So konnten wir so viel oder wenig tun, wie wir Lust hatten. Es reichte mir aus, einfach in der Box zu sitzen und Barny zuzusehen, zwischendurch mit ihm zu schmusen und zu spielen. Ein so bezauberndes Fohlen auf seinem Lebensweg begleiten zu dürfen sah ich als ein Geschenk an. Vermutlich habe ich es schon oft geschrieben, aber diese strahlenden, glücklichen Augen von Barny werde ich mein ganzes Leben nicht vergessen.

In den nächsten Tagen wollte ich wieder vermehrt ausreiten. Die Sommertage waren nach wie vor sehr warm, aber nicht mehr so unerträglich heiß. Barny wurde immer selbstständiger. Daher hatte das Freilaufen während der gemeinsamen Ausritte nun ein Ende. Bisher war ich mit ihm Gott sei Dank noch nie in eine kritische Situation gekommen, aber ich wollte es nicht darauf ankommen lassen. Von einem Bekannten besorgte ich mir ein spezielles Seil, mit dem ich Barny direkt an Luana anbinden konnte. So war es sicherer. Ich wollte Barny noch so vieles zeigen auf der großen, weiten Welt. Aber ein Risiko wollte ich dabei nicht eingehen.

Die nächste Gelegenheit packte ich beim Schopf. Das neue Seil wollte ich unbedingt ausprobieren. Hoffentlich konnte Barny es akzeptieren, dann stünden uns wunderschöne Ausritte bevor. Ich sattelte Luana in der Box und führte sie anschließend fertig gerichtet für den Ausritt durch die Stallgasse ins Freie. Für Barny hatte ich im Reitsportgeschäft beim letzten Einkauf eine eigene Fliegenmütze besorgt. Die gleiche, wie Luana eine hatte, nur in Zwergengröße. Ich musste lachen, als ich die beiden im Partnerlook neben einander stehen sah mit ihren Fliegenhauben. Wie Pat und Patachon.

Draußen im Hof befestigte ich das Seil an Barnys Halfter. Ich war gespannt, wie er reagieren würde, wenn er merkte, dass er von nun an brav und zivilisiert neben Luana herlaufen musste. Aber ich war mir sicher, er würde trotzdem Freude an den gemeinsamen Ausritten haben.

Das Prinzip dieses Seils ist einfach. Es besteht aus einer großen Schlaufe, welche der Mutterstute um den Hals gelegt wird. Daran befestigt ist ein Strick, den man am Halfter des Fohlens einhängt. Die Länge dieses Seils ermöglicht selbstverständlich dem Jungspund etwas Bewegungsfreiheit, aber zwingt ihn trotzdem, neben seiner Mutter herzulaufen.

Nun konnte es los gehen. Der Strick war befestigt, alles war gerichtet. Ich stieg aufs Pferd. Barny stand unbeweglich neben Luana. Er hatte die Verbindung zu ihr noch nicht bemerkt. Ich sortierte meine Steigbügel, nahm die Zügel auf und ritt los. Barny lief mit. Nach ein paar Metern blieb er abrupt stehen. Dies machte er immer so. Er wartete, bis Luana einige Meter voraus gegangen war, um sie dann im Galopp wieder einzuholen. Nur dieses Mal funktionierte sein Plan nicht. Das Seil spannte und zog Barny mit einem deutlichen Ruck vorwärts. Dieser schien es zwar nicht zu verstehen, nahm aber den Impuls an und galoppierte nach vorne. Doch auch hier wurde sein Vorhaben schlagartig nach ein oder zwei Galoppsprüngen ausgebremst. Nun stand er wie angewurzelt da und verstand die Welt nicht mehr.

Luana hielt ebenfalls an. Auch für sie war es etwas Neues. Sie hatte ebenso wenig damit gerechnet, einen Ruck zu verspüren, wenn sich das Fohlen von ihr wegbewegte. Barny schaute mich mit großen Augen an. Er stand da und stemmte alle vier Beine in den Boden. Dieses Spiel, welches er noch nicht begriffen hatte, fand er doof. Auf diese Weise wollte er nicht mehr mitkommen. Jetzt kamen mir Luanas Erfahrungen beim Ziehen einer Kutsche zugute. Auf mein Kommando hin setzte sie sich wieder in Bewegung. Barny blieb stehen. Sobald das Seil spannte, trieb ich Luana weiter. Sie gehorchte und ignorierte Barnys Widerstand.

Luana ließ sich nicht irritieren und lief schnurgerade ihren Weg. Und Barny? Er musste wohl oder übel mitlaufen. Gegen Luanas Kraft konnte er nichts ausrichten. Aber er tat keinen Schritt freiwillig. Das Seil spannte, der Hals von Barny wurde lang und länger. Er ließ sich regelrecht ziehen. Immer wieder machte er einen kleinen Satz nach vorne, nicht zu weit, nicht so, dass das Seil ihn wieder bremste, nur dass die Spannung etwas nachließ. Dies waren aber nur kurze Momente, und schon ließ er sich wieder zurückfallen und hinterherziehen.

Nach etwa einhundert Metern überlegte ich, ob es Sinn machte, auf diese Art weiter zu reiten. Diesen Gedanken tat ich jedoch schnell beiseite. Ich wusste, dass ich ein kluges Fohlen hatte, und ich wollte mir und Barny die schönen Ausritte nicht nehmen lassen. Kurz nachdem ich die Absicht aufzugeben verworfen hatte, wurde ich dafür belohnt. Barny hatte das Prinzip verstanden und lief nun brav mit durchhängendem Führstrick neben Luana her. Er wirkte noch etwas verunsichert, war aber dennoch willig.

Wir kamen zu den Kornfeldern. Dort, wo das Getreide bereits abgeerntet war, breiteten sich herrliche, endlos wirkende Stoppelfelder aus. Es ist der Traum eines jeden pferdeverrückten Mädchens, einmal über solch ein Feld galoppieren zu können. Dieses Verlangen steckte wohl auch in Barny.

Als der kleine Hengst diese Weiten vor sich sah, überkam ihn der Übermut. Hier war anscheinend der Freiheitstrieb zu groß. Barny setzte an und schoss mit einem kraftvollen Galoppsprung nach vorne. Blitzschnell wurde er allerdings wieder gestoppt. Jetzt reagierte er jedoch nicht so trotzig wie zuvor. Ich denke, er hatte vor lauter Freude einfach vergessen, dass er angebunden war. Rasch wurde er aber auf den Boden der Tatsachen zurückgeholt und lief sofort wieder wie ein Lämmchen neben seiner Mutter her. Das war sein letzter Versuch, noch einmal wegzulaufen.

In Situationen, die Barny nicht ganz geheuer erschienen, schlüpfte er kurzerhand unter dem Hals von Luana hindurch. Soviel Spielraum gewährte ihm das Seil. Auf der anderen Seite seiner Mutter war für Barny sofort die Welt wieder in Ordnung.

Nachdem diese neue Situation mit dem Seil zwischen Luana und Barny nach anfänglichen Schwierigkeiten nahezu perfekt funktionierte, wurde ich in den nächsten Tagen immer mutiger. Wir bewegten uns in allen drei Grundgangarten. Nun durfte Barny auch temperamentvoll über die ausgedehnten Stoppelfelder galoppieren. In atemberaubendem Tempo jagten wir bei stimmungsvoller Kulisse der untergehenden Sonne entgegen. Trotz Strick fühlte er sich frei. Er sah es nicht mehr als Einschränkung an, an seiner Mutter festgebunden zu sein. Ich glaube sogar, es brachte ihm eine große Bereicherung.

Durch die Sicherheit, Barny hundertprozentig kontrollieren zu können, ergaben sich viele neue Möglichkeiten. Wir konnten Straßen überqueren, um auf schönere Wege zu gelangen. Wir konnten durch die Ortschaft reiten. Barny konnte Autos, Radfahrer, spielende Kinder, Rasensprenger und vieles mehr kennen lernen.

Welches Fohlen erlebt so etwas? Welches Fohlen kann so viele Erfahrungen sammeln? Welches Fohlen kann so viel Gelassenheit von seiner Mutter lernen? Wir hatten alle drei eine Menge Spaß bei unseren gemeinsamen Ausritten. Luana freute sich, wieder richtig laufen zu dürfen. Barny war fasziniert von der großen, weiten Welt. Und ich war einfach nur glücklich, diese wunderbaren Momente erleben zu dürfen.

Damit Barny an den Tagen, an denen ich Luana longierte, auch auf seine Kosten kam, wollte ich versuchen, hinterher beide gemeinsam einige Runden auf dem Round Pen laufen zu lassen. Die erste Herausforderung bestand aber schon darin, Barny alleine aus dem Stall zu holen. Natürlich war er etwas nervöser als sonst, so ganz alleine in der Box. Deshalb vermutete ich, dass er jede Gelegenheit nutzen wollte, mir zu entwischen, um schnellstmöglich zu seiner Mama zu gelangen. Aber ich wollte es versuchen. Schlimmstenfalls riss sich Barny los und galoppierte schnurstracks in Richtung Luana.

Die meisten Dinge, die ich mir in den Kopf gesetzt habe, muss ich so schnell wie möglich ausprobieren. So auch dieses Vorhaben. Wie üblich putzte ich die Pferde in ihrer alten Innenbox. Dann richtete ich meine Longier-Sachen, zog Luana den Kappzaum an und verschnallte ihn ordnungsgemäß.

Der Kappzaum ist eine Alternative zur herkömmlichen Trense. Die Kopfstücke der beiden sind vergleichbar. Jedoch hat der Kappzaum eine Verstärkung am Nasenriemen. Dort befinden sich Ringe, an denen man die Longe befestigt. Dadurch wird das Pferd nicht am Gebiss, sondern über den Nasenrücken geführt. Dies ist nicht nur für das Tier angenehmer als über das Maul, der Mensch kann auch direkter auf das Pferd einwirken. Das Longieren mit dem Kappzaum ist eine weitverbreitete Methode.

Alles war gerichtet, und ich war bereit, mit Luana die Box zu verlassen. Wie immer musste ich mich beeilen, die Boxentüre hinter uns zu schließen, denn Barny versuchte selbstverständlich, seiner Mutter zu folgen. Er war schnell, wendig und geschickt, wenn es darum ging, mich auszutricksen. Bisher hatte er es noch nie geschafft, sich an mir vorbei zu drängeln. Aber ich musste jedes Mal auf der Hut sein.

Ich hielt die Longe fest in der Hand und blieb an der Türe stehen. Auf mein Kommando verließ Luana allein die Box. Meine Augen registrierten jede Bewegung von Barny, um ihn im richtigen Moment zurückweisen zu können. Kaum hatte Luanas Hinterteil die Schwelle der Boxentüre überschritten, wehrte ich ihn noch einmal mit einer energischen Handbewegung ab und zog mit einem schnellen Ruck die Türe zu. Sofort begann Barny zu wiehern und rannte hektisch in der Box hin und her. Aber ich kannte die Situation bereits zur Genüge. Ich wusste, Barny würde sich schnell damit abfinden, und er wusste, seine Mama würde wiederkommen.

Auf dem Round Pen hatte ich bereits Stangen vorbereitet, ganz normale Stangen, welche man auch zum Springen verwendet. Ich hatte zwei davon auf den Boden gelegt. Die Stangen lagen einander direkt gegenüber. So musste Luana jede halbe Runde einmal vermehrt ihre Füße anheben. Dies weckte die Aufmerksamkeit des Pferdes. Außerdem versprach ich mir durch die Stangen einen größeren Erfolg bei der Lockerung der Muskulatur und der Gymnastizierung sowie in der Schulung des Taktes. Luana sollte schließlich wieder zu arbeiten beginnen. Selbstverständlich hatte sie während ihrer Mutterzeit etwas Schonfrist, aber ein wenig Training tat ihr gut. Und sie bemühte sich auch. An manchen Tagen hatte ich sogar das Gefühl, sie genießt diese kurze kinderfreie Zeit.

Heute war auch wieder so ein Tag, an dem Luana sehr fleißig und willig arbeitete. Schnell erreichte ich das Tagesziel, welches ich mir vorgenommen hatte und beendete die Arbeit. Ich öffnete die Verschnallung des Kappzaunes und befreite Luana. Dann ließ ich sie alleine auf dem Round Pen zurück.

Auf direktem Weg marschierte ich zu Barny. Ich war gespannt, wie er sich mir gegenüber verhielt ganz ohne Mama im Hintergrund. Natürlich kannte er mich. Trotzdem war ich kein Ersatz für seine Mutter. Zu meiner Überraschung war er sehr ruhig und diszipliniert. Er freute sich, mich zu sehen. Durch meine Anwesenheit war er nicht mehr alleine, auch wenn er lieber seine Mutter bei sich gehabt hätte. Barny ließ sich genauso willig wie sonst das Halfter anlegen.

Jetzt kam es darauf an. Nun konnte Barny zeigen, was er bereits gelernt hatte und inwieweit er mich als Chefin akzeptierte. Wir gingen gemeinsam zur Boxentüre. Diese war noch geschlossen. Sobald ich die Hand ausstreckte, um sie zu öffnen, begann Barny zu drängeln. Er wollte unbedingt hinaus, unbedingt auf dem schnellsten Weg zu seiner Mutter. Aber ich wies ihn energisch und konsequent zurück und wartete ab, bis er wieder ruhig neben mir stand. Dann öffnete ich die Türe. Barny blieb gelassen. Auf mein Kommando verließen wir gemeinsam die Box. Barnys Blick war gezielt nach vorne gerichtet. Wo war seine Mama? Wo brachte ich ihn hin? Er wieherte. Sofort gab Luana Antwort. Er spitzte die Ohren. Jetzt schien die Welt schon fast wieder in Ordnung. Nur noch ein paar Meter, dann hatte er seine Mama zurück.

Ständig wiehernd stolzierte Barny mit erhobenem Kopf den Weg hinauf zum Round Pen, wo Luana schon auf ihn wartete. Ich war sehr beeindruckt von der Disziplin, welche Barny hier bewies. In seinen Augen hatte ihn Luana eine Ewigkeit alleine gelassen. Natürlich vermisst so ein kleines Fohlen seine Mutter. Nun war er auf dem Weg zu ihr, er konnte sie bereits hören und sehen. Er war ungeduldig und hatte es sehr eilig. Trotzdem war er voll und ganz bei mir und achtete auf mich und meine Körpersprache.

Zwischendurch hielt ich ein- oder zweimal an. Selbst jetzt blieb er brav neben mir stehen und lauerte auf meine Erlaubnis, weiter gehen zu dürfen.

Endlich hatte er es geschafft. Ich öffnete die Türe vom Round Pen und führte ihn hinein. Sofort ließ ich ihn los. Mit einem freudigen Quietschen von Barny und einem liebevollen Brummeln von Luana gingen sie aufeinander zu. Nun war alles wieder gut.

Nach einer kurzen Begrüßung forderte ich die beiden auf, sich noch etwas zu bewegen. Die Stangen lagen immer noch auf dem Boden. Ich ließ sie bewusst liegen. Meines Erachtens kann auch ein Fohlen über am Boden liegende Stangen laufen. Barny nahm die Nase herunter und begutachtete die hölzernen Stolperfallen. Aber als er sah, wie gelassen Luana darüber schritt, tat er es ihr nach. Runde für Runde, im Schritt, im Trab und im Galopp nahm er diese kleinen Hindernisse wie selbstverständlich – ohne jegliche Angst oder Skepsis, so wie man es von einem Buschpferd erwartet: mutig und geschickt. Das war mein Kleiner!

Ich war stolz auf den Supererfolg, sowohl auf dem Weg zum Round Pen als auch bei der kurzen Arbeitsphase mit den Stangen. Aus diesem Grund beschloss ich, dies weiterhin regelmäßig nach der Arbeit mit Luana fortzuführen.

Auch die nächsten Male verliefen genauso gut wie die Premiere. Es war also kein Zufallserfolg gewesen. Barny hatte gelernt, mich als Chefin zu akzeptieren, und die Arbeit im Round Pen machte ihm Spaß. Sie brachte ihm Abwechslung und Auslastung für seinen Kopf. Natürlich darf mit einem Fohlen nicht so gearbeitet werden wie mit einem Reitpferd. Aber etwas Anstrengung für seine grauen Zellen forderte Barny bereits mit seinen drei Monaten regelmäßig. Nur auf der Koppel zu stehen, das war ihm schon jetzt zu wenig. Ich war gespannt, wo das noch hinführte.

12.

Ein weiterer Ausflug auf die Geländestrecke nach Ihringen stand bevor. Schon seit längerer Zeit hatte ich den Wunsch, Barny noch einmal dorthin mitzunehmen. An einem schönen Samstagnachmittag war es dann so weit. Wir luden die Pferde ein und fuhren los. Unser Weg führte am gesamten Kaiserstuhl entlang, wo auf ausgedehnten, steilen Rebflächen der gute Kaiserstühler Wein gedeiht.

Wie immer hatte ich Unterstützung dabei. Alleine würde ich es wohl nicht schaffen. Luana und Barny waren sehr unkompliziert. Trotzdem ist es immer besser, eine helfende Hand zur Seite zu haben. Wer mit Pferden zu tun hat, muss sich bewusst sein, dass er mit Lebewesen arbeitet. Und das sind keine Maschinen. Sie funktionieren nicht jeden Tag gleich. Häufig ergeben sich Situationen, in denen man auf fremde Hilfe angewiesen ist.

In Ihringen luden wir die Pferde aus und sattelten Luana im Schnellverfahren. Barny durfte sich frei bewegen. Hier war viel Platz, und es war ruhig. Keine anderen Pferde, die Barnys Aufmerksamkeit auf sich gezogen hätten, keine Straße in der Nähe, die eine Gefahr darstellte.

Ich setzte mich auf Luana und ritt los. Barny, der bei seinen letzten Ausflügen immer an Luana angebunden war, konnte seine Freiheit fast nicht begreifen. Die ersten Minuten war er noch etwas vorsichtig. Er war sich nicht sicher, ob seine Freiheit ernst gemeint sei. Aber dann legte er los. Er galoppierte, wie nur ein Buschpferd galoppieren konnte, immer und immer wieder den Platz hinauf und hinunter. Er quietschte vor Freude und buckelte aus lauter Übermut. Er sprang mit allen Vieren in die Luft und verdrehte sich dabei in alle Himmelsrichtungen. Es war ein Wunder, dass der kleine Hengst jedes Mal wieder auf den Beinen aufkam.

Während ich mich mit Luana auf dem Springplatz aufhielt, galoppierte Barny in immer größer werdenden Kreisen um uns herum. Irgendwann reichten seine Bögen über den eigentlichen Reitplatz hinaus. An dessen Grenze befanden sich einige feste Hindernisse aus dem Vielseitigkeitssport. Zwischen diesen Sprüngen war genügend Raum, um ein problemloses Durchkommen zu ermöglichen.

Barny wusste das. Er galoppierte aus dem Springplatz hinaus und in einem großen Bogen auf der anderen Seite wieder hinein. Mit einem Mal kürzte er den Weg etwas ab und sprang wie selbstverständlich über einen kleinen Graben. Ich traute meinen Augen nicht. Es gab keinen

Grund, warum er das hätte tun müssen. Er tat es einfach aus Freude! Und er toppte das Ganze sogar noch. Bei der nächsten Runde nahm er die Kurve noch enger und sprang über einen Baumstamm, der ebenfalls in einem kleinen Graben lag. Ich konnte nicht glauben, was ich da gerade gesehen hatte. Was für eine positive Einstellung zu dieser Sportart! Barny w o l l t e springen. Keiner hatte ihn dazu animiert. Ich hatte es ihm nicht einmal mit Luana vorgemacht. Er hatte einfach nur Spaß daran, und das wollte er uns zeigen.

Da Barny so übermütig herumtobte, beschloss ich, gleich zum Wasserhindernis zu reiten. Denn ich war mir ziemlich sicher, dass er dieses Tempo, welches er an den Tag legte, nicht lange durchhielt. Unbedingt wollte ich noch einmal die Gelegenheit nutzen, ihn mit dem Wasser vertraut zu machen. Deshalb verließ ich den Springplatz und ritt auf die andere Seite zum kleinen Teich. Hier zeigte sich Barny etwas zurückhaltender als zuvor. Aber auch jetzt war es nur eine Sache von wenigen Minuten, bis er sich an seinen ersten Besuch auf diesem Gelände erinnerte und erneut das Wasser als selbstverständlich ansah. Mehrfach wechselte er spielerisch zwischen Teich und Wiese hin und her. Besser konnte ein Fohlen wirklich nicht auf seine spätere Karriere als Sportpferd vorbereitet werden.

Nach der Übung am Wasser ritten wir noch zu einem weiteren Hindernis, dem Graben. Zuerst ging es einen kleinen, aber steilen Abhang hinunter und direkt im Anschluss auf der gegenüberliegenden Seite wieder hinauf. Beim Abwärtsgehen bewegte sich Barny sehr vorsichtig. Er nahm die Nase bis zum Boden hinunter, um sicher zu gehen, jeden Huf richtig zu setzen und um das Gefälle besser einschätzen zu können. Diese extremen Bodenwellen waren neu für ihn. Hier ging er bedächtig, zeigte aber keine Angst. Er wollte lediglich den Überblick behalten, eine Eigenschaft, die später als Reitpferd auf der Geländestrecke in einer heiklen Situation von entscheidender Bedeutung sein konnte.

Barny genoss jeden Augenblick hier draußen. Wenn er nicht gerade übermütig tobte, spielte er mit Laub oder Ästen, welche auf dem Boden herum lagen. Er knabberte sie an, biss hinein und warf sie in die Luft. Gelegentlich erschrak er jedoch, wenn an dem kleinen Zweig, den er von der Erde aufnahm, noch ein meterlanges Aststück hing. Doch es machte ihm Spaß, seinen Spieltrieb und seine Neugierde ausleben zu können.

Aber auch Luana sollte bei unserem Besuch in Ihringen noch auf ihre Kosten kommen. Also nutzte ich die Gelegenheit, sie etwas springen zu lassen. Für sie waren es die ersten Sprünge seit ihrer Trächtigkeit. Trotz der langen Pause machte sie ihre Sache sehr gut, und ich glaube, es bereitete ihr Freude, wieder springen zu dürfen. Aber ich beließ es bei einigen wenigen Sprüngen, denn ich wollte Luana beim ersten Mal nicht gleich überfordern. Außerdem bemerkte ich, wie müde Barny geworden war. Er war wie ein kleines Kind. Er hatte gespielt und getobt bis zum Umfallen. Hätte er die Möglichkeit gehabt, ich glaube, er hätte sich direkt vor Ort schlafen gelegt.

Wir sattelten Luana ab, versorgten sämtliche Utensilien und verluden zügig die Pferde. Als Barny auf dem Anhänger stand, schlief er nahezu im Stehen ein. Er schaffte es nicht einmal mehr, seine Karotte zu fressen. Er biss noch motiviert hinein, stand aber dann mit der Karotte aus dem Maul hängend da und hielt sie einfach nur fest. Hergeben wollte er sie nicht mehr, aber das Kauen war ihm zu mühselig. Wir fuhren auf direktem Weg nach Hause.

In Forchheim angekommen brachten wir die müden Pferde gesund und glücklich in ihre Box. Barny hatte wieder viel erlebt, vieles, von dem er bestimmt heute Nacht träumen würde.

Auch wir machten uns zufrieden auf den Heimweg und ließen den schönen Tag gemütlich ausklingen.

Die nächsten Tage verliefen wesentlich ruhiger. Es passierte nicht viel im Leben des kleinen Fohlens. Unsere Ausritte wurden seltener. Die Sonne brannte vom Himmel, das Thermometer kletterte täglich auf weit über 30 Grad. Jegliche Art von Bewegung kostete Überwindung. Immer wieder versprach der Wetterbericht für den nächsten Tag den nicht nur von den Landwirten heiß ersehnten Regen und sinkende Temperaturen. Doch das konstante Hoch dauerte weiter an, und es blieb lediglich bei der Hoffnung auf Abkühlung.

Barny, der größtenteils sein dichtes Fohlenfell noch nicht verloren hatte, machte die Hitze ebenfalls zu schaffen. Jeden Mittag lief ihm der Schweiß herunter. Die Paddockbox erwies sich in dieser Zeit als perfekter Aufenthaltsort. Die Pferde konnten rein und raus gehen, wie sie es wollten. Draußen fanden sie so gut wie immer ein schattiges Plätzchen. Dort war es wesentlich angenehmer als im stickigen Stall. Trotzdem, selbst hier schwitzten die Pferde im Stehen. Es bewegte sich kein Lüftchen, es war drückend und schwül.

Meine Aktivitäten mit den Pferden beschränkten sich auf etwas Bewegung im Round Pen. Und auch hier bemühte ich mich, möglichst die späten Abendstunden zu nutzen. Zuerst kam Luana alleine dran. Sie sollte trotz der Hitze wenigstens ein bisschen arbeiten. Anschließend holte ich wie üblich Barny dazu. Meistens lagen Stangen auf dem Boden. Dies tat Luana und Barny gut.

Entgegen meiner Vorstellung machte Luana Rückschritte, was die kurzzeitige Trennung von Barny anging. Luana konzentrierte sich überhaupt nicht mehr auf ihre Arbeit. Sie war nervös, wieherte und blickte andauernd in Richtung Stall. Beim Longieren wurde sie immer schneller. Bereits nach zehn Minuten triefte sie vor Schweiß, und das nicht wegen der Wärme, sondern lediglich aufgrund der nervlichen Belastung.

Der Kleine hingegen war wesentlich ruhiger. Zwar führte Luanas Geschrei dazu, dass Barny auch öfters wieherte als ein paar Wochen zuvor, aber der kleine Hengst beruhigte sich gleich wieder. Er knabberte sogar an seinem Heu, welches ich ihm extra für die Wartezeit in die Box gelegt hatte.

Was aber in Luana die verstärkten Trennungsängste auslöste, blieb mir ein Rätsel. Sobald ich mit Barny aus dem Stall kam und sie ihn erblicken konnte, war für sie die Welt wieder in Ordnung. Wenn sich hinterher beide Pferde gemeinsam auf dem Round Pen befanden, lief alles wesentlich entspannter ab.

An Tagen, an denen es nicht mehr ganz so heiß war und Barny seinem Übermut freien Lauf ließ, rannte er minutenlang im Kreis, völlig egal, ob Luana mitlief oder genervt in der Mitte stehen blieb. Wenn er in einem solchen Anflug von überschäumendem Temperament neuen Anlauf nahm oder seine Galopptour noch einmal beschleunigte, quietschte er wie ein Meerschweinchen. Sobald Barny sich ausgetobt hatte, hielt er an, stand wie angewurzelt da und schaute mich an, als wolle er sagen: „Das hat gutgetan, jetzt können wir Duschen gehen." Natürlich taten wir das dann auch.

Um Barny weiterhin Abwechslung bieten zu können, brachte ich ihm immer wieder Spielzeug mit. Das musste überhaupt nichts Besonderes sein. Er war so neugierig und interessiert, er konnte sich mit allem beschäftigen. Ein leerer Eimer, ein Handtuch, altes Putzzeug oder ein großer Pappkarton, alles wurde genauestens untersucht. Hier kam wieder der Professor zum Vorschein. Barny begutachtete wissbegierig jeden neuen Gegenstand bis ins Detail. Er nutzte dabei sämtliche Sinne: Er betrachtete ihn mit seinen Augen, er roch daran mit seiner kleinen Nase, er betastete ihn vorsichtig mit seinen Lippen und selbstverständlich nahm er alles in sein kleines Fohlen-Maul. Oftmals nutzte er seine Hufe, um die Stabilität zu testen.

War ein Gegenstand ausreichend inspiziert, überlegte sich Barny eine neue Beschäftigung

mit diesem Spielzeug. Den Eimer und das Putzzeug konnte er herumwerfen. Sie erzeugten
Lärm, wenn sie auf die Pflastersteine des Pad-
docks fielen. Dies gefiel Barny. Das Handtuch
benutzte er zum Wedeln. Es bewegte sich schön
locker und wehte im Wind. Der Pappkarton war
besonders zum Reinbeißen und zum Fußball-
spielen geeignet.

Ein weiteres beliebtes Spielzeug waren meine
Schlüssel. Diese bekam er aber nicht freiwillig.
Passte ich jedoch nicht auf, nutzte er jede Gelegenheit, um sie mir aus der Hosentasche zu ziehen. Mit seinen spitzen Zähnen fasste er blitzschnell das aus meiner Tasche heraushängende
Ende des Schlüsselbundes und zog ihn mit einem Ruck an sich. Dann stand er da wie ein kleines Kind und schüttelte die Schlüssel wie eine
Rassel.

Oft überlegte ich mir, was wohl Luana von
Barnys Begeisterung an dem ganzen Spielzeug
hielt. Ich glaube, sie konnte nicht verstehen, wie
man an herumstehenden Utensilien so viel Spaß
finden konnte. Ab und zu schaute Luana nach,
ob bei Barnys andauerndem Interesse nicht doch
Futter eine Rolle spielte. Enttäuscht und verständnislos zog sie sich wieder zurück. Ich hingegen freute mich darüber, wie einfach Barny zu
begeistern war und mit welch simplen Gegen-
ständen man ihn beschäftigen konnte.

So groß seine Neugierde und sein Spieltrieb auch waren, gelegentlich musste ich feststellen, dass es Situationen gab, die Barny Angst bereiteten. Er spielte ausgiebig mit einem Handtuch, schüttelte es und ließ es durch die Luft wirbeln. Tat ich jedoch dasselbe, entwickelte sich das gleiche Handtuch zum gefährlichen Schreckgespenst, vor dem er sich blitzschnell hinter der Mama in Sicherheit bringen musste. Alles, was groß wirkte und frontal auf Barny zu kam, war momentan ganz und gar nicht sein Freund. Warum, das konnte ich mir nicht erklären. Schlechte Erfahrungen hatte er nicht gemacht. Aber schließlich konnte nicht alles nur einfach und perfekt ablaufen. Und das war auch okay so.

13.

Nach wie vor verbrachte ich sehr viel Zeit im Stall. Ich bemühte mich, Barny die bestmögliche Kindheit zu bieten. Und das, obwohl die Entscheidung noch nicht getroffen war, ob ich ihn behalten oder verkaufen würde. Mein Herz wollte dieses bezaubernde Hengstfohlen nicht mehr hergeben. Mein Verstand sagte jedoch, du musst dich von ihm trennen. In dieser zwiespältigen Situation kamen mir immer wieder Zitate von begnadeten Lyrikern in den Kopf. Das bekannteste und wohl schönste ist die weitverbreitete Weisheit: „Nicht unser Kopf, sondern unser Herz trifft die wichtigsten Entscheidungen in unserem Leben."

Trotz meines Wunsches, Barny zu behalten, beschloss ich, in die Verkaufsoffensive zu gehen. Ob ich ihn letztlich einem potenziellen Interessenten verkaufen würde, lag ganz alleine in meiner Hand. Niemals würde ich Barny an einen Menschen abgeben, dem ich nicht vertraute und bei dem ich kein gutes Gefühl hätte. Aber ich wollte zumindest versuchen, einen vertrauenswürdigen Käufer zu finden.

Der ursprüngliche Interessent, welcher sich vor einigen Wochen bei mir gemeldet hatte und ein Vielseitigkeitspferd für seine Tochter gesucht hatte, war wie vom Erdboden verschwunden. Seiner Aussage nach war er beruflich stark eingespannt. Ob dies der Tatsache entsprach oder nur eine Ausrede war und damit eine verschleierte Absage des Kaufinteresses, war natürlich nicht zu klären.

Auf jeden Fall ging ich in die Offensive. Ich entwarf ein aufwendig gestaltetes Verkaufsplakat, worauf wunderschöne Bilder von unseren verschiedenen Fotoshootings zu sehen waren, aber auch jeweils ein Bild von Mutter und Vater des Fohlens. Dazu verfasste ich einen ausgefeilten Text, in dem Barny nur so glänzte. Was ich schrieb, war keineswegs übertrieben. Zweifellos war Barny nicht nur ein vielversprechendes Fohlen für den späteren Sport. Nein, er war mehr, er war etwas Besonderes. Er war so menschenbezogen, so intelligent und absolut klar im Kopf! Das brachte ich deutlich zum Ausdruck.

Diese Verkaufsanzeige hängte ich bei verschieden Reitturnieren aus, darunter das beliebte Vielseitigkeitsturnier in Altensteig. Hier gab es unterschiedliche nationale, aber auch internationale Prüfungen. Es waren Jugendliche am Start, die ihr erstes Vielseitigkeitsturnier bestritten, aber auch Stars und Vorbilder aus der Busch-Szene, wie zum Beispiel Doppel-Olympiasieger Michael Jung. Zusätzlich war dieses Reitturnier das

Ziel von Hunderten vielseitigkeitsbegeisterten Zuschauern. Das perfekte Ambiente für eine Verkaufsanzeige. Ich wusste, wie schwer es war, ein Fohlen zu verkaufen. Aber hier stimmte das Umfeld. Hier würde ich am ehesten einen Interessenten finden.

Neben der Plakatierung auf Reitturnieren setzte ich eine Anzeige ins Internet. Zusätzlich beschloss ich, Barny persönlich auf dem Turnier meines Reitvereins in Ihringen vorzustellen. Dieser Termin stand am kommenden Wochenende bevor. Mit der Vorstandschaft hatte ich mich darauf geeinigt, die Fohlenpräsentation am Sonntag vor dem M-Springen durchzuführen. Diese Prüfung war der Höhepunkt des diesjährigen Turniers und somit auch ein Publikumsmagnet. Zu dieser Zeit säumten voraussichtlich zahlreiche Zuschauer den Springplatz. Für mich war es der perfekte Zeitpunkt, möglichst viele Leute mit meiner Vorstellung von Barny zu erreichen. Zugleich nutzte der Verein meine Präsentation, um den Zuschauern die Wartezeit der Umbauphase vor der Springprüfung zu verkürzen.

Schon den Samstag verbrachte ich in Ihringen. Jeder Verein, der ein solches Turnier auf die Beine stellt, ist auf viele helfende Hände angewiesen. Angefangen bei der Organisation, bei der Vorbereitung der Anlage und den eigentlichen Turnierablauf, bei dem Helfer für die Dressur und das Springen benötigt werden, bis hin zum Abbau und Aufräumen an den Tagen danach. Auch die Gastronomie muss bedacht werden und benötigt viele Arbeitskräfte. Es galt also, unzählige Posten zu besetzen.

Wie jedes Jahr arbeitete ich mehrere Stunden an der Kasse der Gastronomie. Dieser Job bereitet mir Freude. An dieser Position hat man viel Kontakt zu den Reitern vom Spring- und vom Dressurlager genauso wie zu den Zuschauern. Man trifft etliche bekannte Gesichter, viele, die man lange Zeit nicht mehr gesehen hat. Aber man kommt auch mit fremden Menschen ins Gespräch und knüpft neue Kontakte. Ich nutzte dies, um viele Leute bereits vorher schon auf die Präsentation von Barny am nächsten Tag hinzuweisen.

Es war ein sehr gelungenes Turnier. Auch das Wetter war perfekt. Zum ersten Mal seit Wochen hatte es etwas abgekühlt. Den immer wieder auffrischenden Wind nahm man gerne in Kauf, dachte man an die letzten Wochen mit 35°C Hitze zurück. Die Pferde waren dankbar dafür. Die niedrigeren Temperaturen und der Regen in der Nacht unterstützten optimal die Bodenverhältnisse, sowohl in der Dressur als auch beim Springen. Zusätzlich bewährte sich die intensive Pflege des heiligen Rasens, wie der Springplatz im Reiterjargon genannt wird, weil er das ganze Jahr über gehegt und gepflegt wird, aber nur an den Turniertagen beritten werden darf.

Nachdem ich meine Arbeitsschicht an der Kasse beendet hatte, blieb ich noch längere Zeit auf der Reitanlage und genoss die Turnieratmosphäre. Dieses Jahr, in dem sich Luana sozusagen im Mutterschutz befand, konnte ich das Wettkampfgeschehen komplett von außen betrachten. Es machte mir Spaß, unbeteiligt auf einer Bank zu sitzen und die Leute zu beobachten. Bekannte und unbekannte Personen huschten hektisch und unter Adrenalin stehend an mir vorbei. Andere wiederum zogen sich zurück, um den Parcours im Geiste noch einmal abzugehen. Aufgeregte Kinder quasselten dem mitgekommenen Reitlehrer ein Ohr ab, und wenn sie dann mit einer Schleife aus der Siegerehrung geritten kamen, fühlten sie sich heute schon als Olympiasieger von morgen. Aber es gab auch die alten Hasen, für die ein Reitturnier zum Alltag geworden war. Diese traf man schon vor der Prüfung am Bierstand. Hier wurde der neueste Klatsch und Tratsch aus der Szene verbreitet. Und wer meint, das könnten nur Frauen, der hat sich in der Reiterwelt gehörig geirrt.

Vorerst hatte ich genug gesehen. Ich machte mich auf und fuhr mit meinem Auto direkt nach

Forchheim. Mit Barny und Luana wollte ich an diesen Tag nichts Großes unternehmen. Barny sollte seine Energie und Bewegungsfreude für den nächsten Tag aufsparen. Aber ich verbrachte trotzdem etwas Schmusezeit mit den beiden. Dann richtete ich den Hänger für den nächsten Tag: Sattel, Trense und die üblichen Reitutensilien für Luana, Barnys schönes Ausgeh-Halfter, Anti-Fliegenspray, Putzzeug und, und, und. Lieber hatte ich zu viel dabei, als dass im Nachhinein etwas fehlte. Fertig mit allen Vorbereitungen konnte auch ich Feierabend machen und trat den Heimweg an.

Bevor es am nächsten Tag in Richtung Stall los ging, stand erst noch ein Familienfest an. Mein Onkel und meine Patentante feierten Goldene Hochzeit. Meine Verwandtschaft ist nicht sehr groß und die Verbindung nicht mehr allzu eng. Mit meinem Hund, der mich immer und überall hin begleitete, und meinem Pferd, das sehr viel Zeit in Anspruch nahm, konnte ich mich nur noch selten auf Familienfeiern blicken lassen. Einige Cousinen, die weiter weg wohnten, hatte ich seit vielen Jahren nicht mehr gesehen. Auch wenn der Termin für mich äußerst ungünstig lag, freute ich mich doch auf das Zusammentreffen mit meiner Verwandtschaft. Das Gasthaus, in welchem die Feier stattfand, lag in einem Ort, der ca. 40 km entfernt war. Die Gäste waren auf 12 Uhr zum Sektempfang geladen, anschließend sollte ein leckeres Festessen und nach einer Pause noch Kaffee und Kuchen serviert werden. Für Letzteres hatte ich mich bereits abgemeldet. Es würde sowieso sehr knapp werden, mit den Pferden pünktlich in Ihringen zu sein. Doch ich wollte meinem Onkel und meiner Patentante zuliebe zumindest bis nach dem Mittagessen bleiben.

Auf der Autobahn war sehr viel Verkehr. Die Kirchturmuhr schlug gerade zwölfmal, als ich mit meinen Wagen am Gasthaus ankam. Ich parkte hinter dem Auto meiner Eltern. Mit ihnen zusammen betrat ich das Lokal. Nachdem die Schlange der Gratulanten das Jubelpaar beglückwünscht hatte, bildeten die Gäste kleine Grüppchen. Ich stellte mich zu meinen Cousinen und tauschte Neuigkeiten aus der vergangenen Zeit aus; wenn man das überhaupt noch Neuigkeiten nennen konnte. Aber manchmal waren für uns alte Kamellen immer noch neu.

Es zog sich lange hin, bis endlich der erste Gang des Mittagessens gebracht wurde. Für die lange Wartezeit entschädigte uns dann die hervorragende Salatvorspeise mit verschiedenen Antipasti.

Die Pause zwischen Vorspeise und Hauptgang zog sich wieder in die Länge. Langsam wurde ich unruhig, ließ es mir jedoch nicht anmerken. Wenigstens zum Hauptgang wollte ich noch bleiben. Andererseits musste ich spätestens um 14:30 Uhr bei Luana und Barny sein.

Ungeduldig rutschte ich auf meinem Stuhl hin und her. Die Zeit verstrich, und ich hatte keine Armbanduhr. Heutzutage braucht man üblicherweise keine, sie ist höchstens noch ein modisches Accessoire. Stattdessen hat jeder das Smartphone griffbereit. Allerdings hatte ich dieses aus Höflichkeit im Auto liegen lassen. Und an eine Armbanduhr hatte ich natürlich nicht gedacht. Immer wieder schielte ich auf die Uhren anderer Leute. Wir warteten und warteten und warteten. Aus Sekunden wurden Minuten und die Minuten wuchsen zu gefühlten Stunden.

Endlich fing das Servicepersonal wieder an aufzutischen. Das Essen war ausgezeichnet. Es war nur schade, dass ich so unter Zeitdruck stand. Ich konnte es nicht richtig genießen. Schnell schob ich das Essen in mich hinein, immer darauf bedacht, dass es nicht hektisch oder gar gierig wirkte. Dann stand ich auf. Alle anderen waren noch mit dem Essen beschäftigt. Es war mir etwas unangenehm, zu diesem Zeitpunkt die Feier zu verlassen, aber das half nichts. Die Zeit drängte, und ich konnte keine Rücksicht auf schiefe Blicke nehmen. Ich verabschiedete mich höflich und eilte aus dem Gasthaus.

Zehn Minuten später als geplant saß ich im Auto. Mein erster Blick fiel auf mein Smartphone. Es blinkte. Auf dem Display wurden drei Anrufe in Abwesenheit angezeigt. Frank, der erste Vorsitzende des Ihringer Reitvereins, hatte versucht, mich zu erreichen. Mein Herz klopfte. Wollte er absagen? Lief irgendetwas nicht nach Plan? Nur um Hallo zu sagen, rief er an diesem Tag bestimmt nicht an. Aber ich hatte wirklich keine Zeit, Frank vor dem Losfahren zurückzurufen. Während des Ausparkens zog ich das Headset an. Wie gut, dass Frauen multitaskingfähig sind. Ich drückte die Rückruftaste. Nichts passierte. Der Empfang war hier zu schlecht. Das Handy schaffte es nicht, eine Verbindung aufzubauen.

Immer wieder huschte mein Blick von der Straße zum Smartphone, um die Veränderungen des Handyempfangs zu beobachten. Zweifellos war dieses Verhalten gesetzeswidrig und hätte mir im Falle eines Ertappens eine unangenehme Geldbuße eingebracht.

Eigentlich ist es traurig, dass es für fast alle, mich eingeschlossen, selbstverständlich ist, während der Fahrt kurze Handgriffe am Handy zu erledigen. Die Ablenkung, die dadurch entsteht, und ein möglicher schwerer Unfall, der daraus resultieren kann, stehen in keiner Weise im Verhältnis zu der kurzen Zeit, welche man durch das Herumhantieren während der Fahrt spart. Ich zwang mich, erst an der nächsten roten Ampel wieder einen Blick auf das Handy zu werfen. Und ich hatte Glück. An der nächsten Ampel war der Empfang gut. Ich wählte erneut. Es tutete. Fast zeitgleich mit dem ersten Läuten nahm Frank das Gespräch entgegen. Alle Prüfungen und somit auch meine Fohlenpräsentation wurden um ca. eine halbe Stunde vorgezogen.

Jetzt hieß es Gas geben, damit noch alles reibungslos klappte. Gott sei Dank hatte mir meine Helferin zugesagt, früher in den Stall zu kommen und mir beim Pferdeputzen zu helfen. Alleine wäre es wohl zeitlich nicht mehr zu schaffen gewesen.

Im Stall angekommen kuppelte ich unverzüglich den Pferdeanhänger an und parkte ihn ladebereit direkt vor dem Stall. Dann zog ich mich erst einmal um. Mit meiner weißen Bluse und der schicken Hose konnte ich keine Pferdebox betreten.

Erleichtert sah ich, dass beide Pferde kaum schmutzig waren. Zusammen mit meiner zwischenzeitlich eingetroffenen Helferin ging das Putzen im Akkord. Im Handumdrehen standen Stute und Fohlen gestriegelt im Anhänger. Wir fuhren los. Jetzt war ich froh über den bereits fix und fertig gerichteten Pferdeanhänger. Dank der guten Vorbereitung vom Vortag und der Team-arbeit beim Putzen waren wir nun doch erstaunlich gut in der Zeit.

Nach einer dreiviertel Stunde Fahrt kamen wir pünktlich in Ihringen an. Das Wetter, welches ich am Tag zuvor noch so gelobt hatte, spielte nun nicht mit. Den ganzen Tag hatte es leicht geregnet. Na ja, es hätte schlimmer sein können, aber es war ungemütlich. Auch wenn nicht viel Regen vom Himmel kam, es führte dazu, dass sich die Anzahl der Zuschauer in Grenzen hielt. Nasse Biertisch-Garnituren luden nicht gerade zum Verweilen ein. Viele pferdesportbegeisterte Zuschauer blieben zu Hause. Auch mehrere Teilnehmer entpuppten sich als Schönwetterreiter und traten die Reise nach Ihringen erst gar nicht an. Zahlreiche Reiter, welche sich für den Start beim Turnier entschieden hatten, luden direkt nach der Prüfung ihre Pferde ein und traten den Heimweg an.

Dabei war das Wetter gar nicht sooo schlecht. Mittlerweile hatte es sogar aufgehört zu regnen, und somit war aller Voraussicht nach die Zuschauerzahl für meine Fohlenpräsentation immer noch akzeptabel. Auf der großen Wiese, welche als Anhängerparkplatz diente, standen nicht mehr allzu viele Autos. Es gab große Lücken. So konnten wir uns einen Platz aussuchen, wo wir ringsherum genügend Freiraum hatten.

Dadurch umgingen wir eine mögliche brenzlige Situation, bei der Luana ihr Fohlen gegenüber einem anderen Pferd verteidigen wollte. Wir luden aus. Zu zweit war das Satteln und Trensen schnell erledigt. Wenige Minuten später saß ich bereits auf Luana und ritt in Richtung Springplatz, auf dem die Präsentation stattfinden sollte. Barny wurde nebenher geführt, oder sagen wir, es war nicht ganz eindeutig, wer hier wen führte. Denn Barny war ein energiegeladenes Pulverfass. Aber genau so wollte ich es haben. Bereits auf dem Weg hörte ich, wie uns der Sprecher über das Mikrofon ankündigte.

Ich musste einmal um den ganzen Springplatz herum reiten, um zum Eingang zu gelangen. Dort angekommen ritten wir unverzüglich in die Arena. Nun wurde Barny von Halfter und Strick erlöst und durfte sich frei bewegen. Zum Einreiten erschallte aus den Lautsprechern der Babysitter Boogie. Jeder kannte diesen alten Schlager aus den späten Fünfzigerjahren, der mit lustigem Babygeplapper beginnt. Dies war der perfekte Einstieg für die Vorstellung meines Fohlens.

Ich trabte an, immer schön an den nun doch gut besetzten Zuschauerrängen entlang. Gleichzeitig erzählte der Sprecher über das Mikrofon einige wissenswerte Daten über Barny. Er berichtete von den sportlichen Leistungen von Mutter

und Vater und auch über Barnys Erfolg als Siegerfohlen in Meißenheim. Aber Barny brauchte
gar keine Worte, um bewundert zu werden. Das
schaffte er an diesem Tag ganz allein. Er zeigte
sich von seiner besten Seite. Er war mutig, frech
und temperamentvoll. Er galoppierte rasant
über den Platz, zeigte akrobatische Bocksprünge und quietschte dabei vor lauter Lebensfreude.
Die Zuschauer lachten laut und klatschten vor
Begeisterung.

Nachdem Barny seine überschüssige Energie
herausgelassen hatte, gesellte er sich zu Luana und trabte oder galoppierte brav nebenher.
Es war ein Traum, wie Barny sich präsentierte.
Genau so hatte ich es mir damals auf der Fohlenschau gewünscht. Runde um Runde lief er
neben der Mutter her. Mit großen, energischen
Tritten trabte er locker neben Luana. So zeigte
er, dass sich ein Pferd mit hohem Vollblutanteil
auch sehr elegant bewegen kann.

Als ich auf der abschließenden Galopprunde
mit Luana nochmals richtig Tempo machte, bewies Barny auch hier seine Stärke. Er verlänger-
te gekonnt die Galoppsprünge, um mehr Boden
gut zu machen. Somit kam er kraftsparend und
trotzdem schnell vorwärts. In diesem Moment
war er einfach perfekt.

Beim Verlassen der Arena und auf dem Weg
zurück zum Auto war Barny ein Lämmchen.

Nun war er ausgelastet. In voller Aktion im Mittelpunkt zu stehen, das hatte ihm gefallen. Derartige Augenblicke könnte es seiner Meinung nach öfters geben.

Am Anhänger sattelten wir ab. Vor dem Verladen verweilten wir noch längere Zeit auf dem Parkplatz. Wir ließen die Pferde grasen und gaben Barny die Möglichkeit, sich alles anzuschauen. Dann führten wir die beiden in den Anhänger und gingen zurück zum Springplatz, um die letzten Minuten des Turniergeschehens noch miterleben zu können.

Wir holten uns etwas zu trinken und verfolgten die Siegerrunde der letzten Springprüfung. Im Anschluss unterhielten wir uns noch mit einigen Bekannten, dann machten wir uns auf den Heimweg.

Es war ein schöner Tag gewesen. Barny hätte sich nicht besser präsentieren können. Ich war wieder mal stolz auf ihn. Andererseits war es enttäuschend, dass sich kein einziger ernsthafter Kaufinteressent gemeldet hatte. Ich wusste, wie schlecht es auf den Fohlenmarkt stand und wie schwierig es war, ein Fohlen zu verkaufen. Aber wenn man für ein so vielversprechendes Fohlen wie Barny keinen Abnehmer findet, ist das schon deprimierend. Es stellt sich die Frage, welches Pferd dann überhaupt noch im Fohlenalter zu vermitteln war. Barnys Vater sammelte international im Vielseitigkeits- und Dressursport große Erfolge. Auch im Springen konnte er Beachtliches nachweisen. Die Mutter Luana war aufgrund ihrer Eigenleistung im Sportregister eingetragen. Das heißt, sie gehört zu den besten Zuchtstuten des Landes. Barny selbst war Siegerfohlen und außerdem bildhübsch, lieb, menschenbezogen und 100%ig klar im Kopf. Dem Anschein nach zählte dies alles jedoch im Fohlenalter noch nicht. Mit einem derartigen Desinteresse hatte ich nicht gerechnet. Andererseits war es mir aber ganz recht, dass ihn niemand kaufen wollte. Irgendwie würde ich ihn finanziell durchgeschoben bekommen.

Ein stressiger, aber wunderschöner Tag ging zu Ende. Ich war froh, als beide Pferde wieder in der Box standen. Nun fuhr ich nach Hause und begann mir ernsthaft Gedanken über einen Aufzuchtplatz zu machen. Aber diese Entscheidung musste Gott sei Dank nicht an diesem Abend getroffen werden.

Die nächsten Tage verliefen ruhig. Barny genoss die täglichen Stunden auf der Weide mit den gleichaltrigen Spielgefährten. Zusätzlich versuchte ich, ihm weitere Abwechslung zu bieten. Der Kleine war unkompliziert. Er freute sich über alles und jedes - im Gegensatz zu seiner Mutter. Luana forderte zwar ihre tägliche Arbeit, andererseits wollte sie sich partout nicht mehr von ihrem Sohn trennen lassen. Ich hatte keine Ahnung, was plötzlich in sie gefahren war. Wir hatten mit der Trennung behutsam angefangen und diese langsam gesteigert. Beide, Mutter und Fohlen, hatten sich bereits gut daran gewöhnt, bis Luana eines Tages die Trennung nicht mehr akzeptieren wollte. Sie steigerte sich so hinein, dass sie binnen weniger Minuten vor Schweiß triefte. Ich ging einen Schritt zurück und verkürzte die Trennungszeit. Dabei versuchte ich, geduldig und konsequent zu sein. Als auch das keinen Erfolg brachte, musste ich schließlich resignieren.

Ich fand neue Varianten, welche sich für Luana und auch für Barny als besser erwiesen. Zum ersten Mal nach der Geburt arbeitete ich mit Luana wieder dressurmäßig. Hier konnte Barny dabei sein und sich frei auf dem Reitplatz bewegen. Nun zeigte sich Luana endlich wieder konzentriert. Allerdings hatte ich immer mal wieder Probleme mit der Linienführung, wenn Barny im Weg stand oder mir vor die Nase lief. Aber das war okay. Schließlich wollte ich mit Luana in den nächsten Wochen nicht schon wieder an einem Turnier teilnehmen. Somit gab es keinen festen Trainingsplan. Wir ritten zu unserem Vergnügen, mehr oder weniger effektiv, wie es sich eben gerade anbot.

Auch Barny gefiel die neue Variante. Zwar hatte er sich wesentlich leichter mit dem Getrenntsein abgefunden als Luana. Aber natürlich war es für ihn um Klassen besser, uns auf den Reitplatz begleiten zu dürfen als alleine in der Box warten zu müssen. Er trottete am Rand entlang und sammelte die wenigen Grashalme auf, welche am Zaun wuchsen. Zwischendurch schoss er wie von einer Tarantel gestochen los, quietschte, bockte und rannte übermütig über den Reitplatz. Wenn er Lust hatte, trabte oder galoppierte er ein paar Runden neben Luana her und machte ihr alles nach, so als wolle er beweisen, dass er das, was seine Mutter hier zeigte, auch schon konnte.

An den Tagen, an denen ich longierte, kam Barny ebenfalls auf den Reitplatz, während ich mit Luana auf dem angrenzenden Round Pen arbeitete. Mit einem freilaufenden Fohlen war das Longieren auf dem Reitplatz zu gefährlich. Ich hatte Bedenken, Barny könnte in die Longe hineinrennen und sich verletzen. Die räumliche Trennung mit Sichtkontakt störte den Kleinen überhaupt nicht. Er zeigte das gleiche zufriedene Verhalten wie beim Reiten auf dem Platz. Auch Luana hatte ihr Fohlen trotz der Trennung im Auge und blieb deshalb ruhig.

14.

Mittlerweile ging es in großen Schritten dem Herbst entgegen. Der Zeitpunkt des Absetzens, also das Trennen von Stute und Fohlen, rückte näher. Wenn auch Luana und Barny noch einige Wochen gemeinsame Zeit blieben, ich musste eine Lösung für die weitere Aufzucht finden.

Sollte ich Barny bei Theo hier in Forchheim lassen? Ein Hengstfohlen als Spielkamerad gab es ja. Natürlich wollte ich Barny in meiner Nähe haben. Dann könnte ich ihn jederzeit besuchen und mich gelegentlich auch mit ihm beschäftigen. Er hatte so viel gelernt in seinen ersten Monaten. Er zeigte sich so brav und kooperativ im Umgang mit dem Menschen. Das alles sollte nicht verloren gehen. Bliebe Barny bei Theo, könnte ich ihn so oft sehen, wie ich wollte - nun ja, sagen wir, so oft es meine Freizeit zuließ.

Ein weiterer, sehr wichtiger Entscheidungspunkt war der finanzielle Aspekt. Es würde für mich sowieso sehr schwierig werden, beide Pferde zu finanzieren. Die laufenden Kosten für Luana und Barny müssten so gering wie möglich gehalten werden, und ich selbst wäre ebenfalls gezwungen, kürzer zu treten. Den monatlichen Betrag, den mir Theo für Barnys weitere Unterbringung nannte, konnte ich mir nicht leisten. Es musste eine günstigere Lösung gefunden werden.

Deshalb schaute ich mir im Internet verschiedene Aufzuchtbetriebe an, um einen objektiven Vergleich führen zu können. Ich wurde fündig. Es gab verschiedene Möglichkeiten, einen Aufzuchtplatz für Barny zu bekommen, der für mich noch bezahlbar war, leider jedoch nicht in meiner unmittelbaren Nähe. Ich musste weg gehen aus dem dicht besiedelten Großraum Freiburg in andere, ländlichere Gegenden mit größeren, preiswerteren Freiflächen.

Nun begann ich wiederum zu überlegen. Zum ersten Mal befasste ich mich mit dem Gedanken, Barny weiter weg zu geben auf einen Hof, bei dem die Entfernung zu mir nach Hause zu groß war, um ihn noch nach Feierabend besuchen zu können.

Aber war es nicht egoistisch und falsch zu glauben, nur ich könnte Barny erziehen? Oder war die Vorstellung wirklich korrekt, dass ich in drei Jahren ein verwildertes Pferd zurückbekäme, wenn ich die Dinge, welche Barny bei mir bis jetzt gelernt hatte, nicht regelmäßig abfragte? Natürlich hing ich sehr an diesem bezaubernden kleinen Hengst, den ich seit seinem ersten Atemzug durch sein Leben begleitet hatte und der mir so viele schöne Augenblicke geschenkt hatte. Mit Sicherheit gab es auch andere Menschen, die diese Aufgabe genauso gut erledigen konnten wie ich.

Nach zahlreichen finanziellen Überlegungen kam ich zu dem Entschluss, dass Barny mit der Trennung von seiner Mutter auch unsere Region verlassen muss. Die monatlichen Kosten bei Theo konnte ich einfach nicht aufbringen.

Nun musste ich also einen Stall finden, dessen Aufzuchtbedingungen meinen – zugegeben hohen – Ansprüchen entsprachen. Außerdem war mir Vertrauen sowie ein gutes Verhältnis zu der verantwortlichen Person enorm wichtig. Barny durfte im Betrieb keine Nummer sein. Er war regelmäßigen, liebevollen Kontakt zum Menschen gewöhnt. Und das sollte auch so bleiben. Da ich mich dann selbst nicht mehr mit ihm beschäftigen konnte, sollte dies wenigstens eine andere, liebenswerte Person übernehmen.

Nach langer Recherche im Internet fand ich einen Betrieb, der meinen Vorstellungen entsprach: die Fohlenaufzucht Seidel auf der Schwäbischen Alb. Die Philosophie der Stallbesitzerin überzeugte mich. Sie tat das Ganze nicht nur aus rein unternehmerischen Aspekten. Die Arbeit mit den Pferden war ihr Leben, das spürte man sofort. Auch finanziell lag dieser Betrieb innerhalb meiner Möglichkeiten. Sogleich griff ich zum Telefon und rief unverzüglich Frau Seidel an. Ich wollte einfach einmal unverbindlich mit ihr sprechen.

Es kam, wie ich es erwartet hatte. Vom ersten Satz an war mir diese Frau sympathisch. Ihre Stimme klang warm und liebevoll, so wie ich sie mir vorgestellt hatte. Auch von ihrer Einstellung zur Pferdeaufzucht, zur Ausbildung und zum Pferdesport gefiel sie mir. Wir waren von Anfang an vollkommen auf einer Wellenlänge und kamen von einem Thema ins nächste. Es war ein sehr nettes und langes Gespräch. Zum Schluss vereinbarten wir einen Besichtigungstermin.

An einem der letzten Sommerwochenenden war es soweit. Der Ausflug auf die Schwäbische Alb stand bevor. Bereits am Freitagabend machte ich mich zusammen mit Hund Charlie auf den Weg in Richtung Stuttgart. Hier in der Landeshauptstadt wollte ich das Wochenende bei Klemens verbringen. Von ihm aus war am morgigen Samstag die Fahrt zum Aufzuchtbetrieb Seidel geplant.

Es war heiß. Wie jeden Freitagabend herrschte auf den Autobahnen ein kolossaler Verkehr. Hinzu kam noch eine Umleitung vor Stuttgart. Die Stadt selbst war mir sowieso suspekt. Eigentlich bin ich mit einem sehr guten Orientierungssinn ausgestattet. Aber dieser schaltete sich regelmäßig in Stuttgart aus. Diese Strecke fuhr ich weiß Gott nicht zum ersten Mal. Aber egal wann und wie oft ich sie fuhr, ich kam immer auf einem anderen Weg bei Klemens an. Aber wenigstens kam ich an. Und das war entscheidend.

Ich freute mich riesig, wieder einmal dort zu sein. Die berufliche Tätigkeit, mein Hund und die Pferde ließen kaum Platz für ein Privatleben. Es war keine leichte Aufgabe, bei dem vollen Terminkalender Zeit zu finden für den wichtigsten Mann in meinem Leben. Klemens hatte sich immer wieder auf den Weg zu mir gemacht. Ich selbst war jedoch schon seit Barnys Geburt nicht mehr in Stuttgart gewesen, fühlte mich aber sofort wieder zu Hause.

Klemens hatte eine wunderschöne Wohnung in einem alten Haus. Im letzten Jahr hatte er mit viel Mühe Renovierungsarbeiten durchgeführt. Das Eigenengagement und die unzähligen Stunden, die er in die Sanierung seiner Wohnung investiert hatte, hatten sich gelohnt.

Sein ganzer Stolz war seine große Dachterrasse, von der sich dem Betrachter ein beeindruckender Blick über Stuttgart bot. An einem lauen Spätsommerabend wie heute gab es keinen schöneren Platz als dort oben über den Dächern der Stadt. Stand so eine exklusive Möglichkeit zur Verfügung, sollte man sie auch auskosten, da waren wir beide uns einig. Allerdings führte der Weg dort hinauf lediglich über eine schmale und steile Leiter. Für mich war es kein Problem. Aber für Charlie. Nachdem wir gerade erst angekommen waren, fühlte sich Charlie noch nicht heimisch genug, um alleine unten in der Wohnung zu bleiben. Die Gefahr war zu groß, dass Charlie versuchen würde, uns hinterher zu laufen und dabei womöglich von der Leiter zu fallen. Ich sah keine realistische Möglichkeit, den Hund dort hinauf zu transportieren. Klemens zeigte sich hingegen wesentlich optimistischer. Er war grundsätzlich von seiner Art her immer positiv eingestellt. Hatte er einen Wunsch, dann schaffte er es, mit genügend Eigeninitiative und Kreativität eine Lösung für sein Problem zu finden. So auch in diesem Fall.

Auf seine Anweisung nahm ich Charlie auf den Arm und hielt ihn fest. So kletterte ich Sprosse für Sprosse nach oben. Ich hielt Charlie und Klemens hielt mich. Ich vertraute Klemens. Er wusste, was mir mein Hund bedeutete. Er würde diese Vorgehensweise nicht von mir verlangen, wenn er nicht sicher wäre, dass es klappte. Trotzdem, die Angst, gemeinsam von der Leiter zu fallen, war da. Ich drückte Charlie fest an mich. Die letzten Zentimeter waren die schwierigsten. So kurz vor dem Ziel, als Charlie die Terrasse sehen konnte, begann er sich zu wehren. Er strampelte und wollte sich aus meinen Armen befreien, um schneller wieder festen Boden unter seine Pfoten zu bekommen. Es ging alles gut. Irgendwie schafften wir drei es, heil auf dem Dach anzukommen.

Das Geländer der Dachterrasse war an den Ecken nicht komplett verschlossen, was ich so nicht mehr in Erinnerung hatte. Die Öffnung reichte absolut aus, dass sich Charlie hindurchschlängeln konnte. Der offene Spalt zog ihn magisch an. Natürlich musste der alte Rüde an dieser Stelle gleich seine Nase in den tiefen Abgrund stecken.

Panisch schrie ich nach Charlie. Dieser zog seinen Kopf zurück, kam aber nicht zu mir, sondern ging schnurstracks zur nächsten Ecke und von dort aus auf die gegenüberliegende Seite, an der es statt eines Geländers nur eine kleine Dacherhöhung gab. Vor meinem geistigen Auge spielten sich Horrorszenarien ab. Ich hatte wahnsinnige Angst, Charlie würde vom Dach stürzen. Ich brüllte und schimpfte mit ihm, bewegte mich dabei kaum vom Fleck, denn ich befürchtete, ihn durch eine abrupte Bewegung von mir weg zu treiben.

Endlich bekam ich den Hund zu greifen. Klemens kletterte nach unten und holte die Leine. Nun musste Charlie bei mir bleiben. Angebunden konnte ihm nichts passieren. Es dauerte trotzdem eine ganze Weile, bis ich meinen Schock überwunden hatte und sich mein Adrenalin-Spiegel wieder normalisierte.

Klemens und ich saßen gemeinsam auf der Dachterrasse und betrachteten die vielen Lichter der Stadt, welche mit zunehmender Dämmerung heller und strahlender wurden. Eigentlich eine sehr schöne und romantische Atmosphäre. Aber so ganz konnte ich diese nicht genießen. Zwar lag der Hund mittlerweile zu meinen Füßen in sicherer Verbindung mit meiner Hand. Jedoch ließ mich der Gedanke an den Rückweg nicht los, nämlich den Abstieg über die Leiter. Hinauf war es nicht einfach gewesen, der Weg hinab würde sich vorrausichtlich noch schwieriger gestalten.

Schließlich erlöste mich Klemens. Wir kletterten abwärts und zwar mit der gleichen Vorgehensweise wie auf dem Weg nach oben, nur umgekehrt: zuerst Klemens und dann ich mit Charlie. Den Hund auf meinen Arm zu bekommen, während ich bereits auf der Leiter stand, war das Schwierigste an der ganzen Sache. Als ich das geschafft hatte, verlief der Rest sogar besser als beim Aufstieg.

Wieder gut unten angekommen, fiel mir ein Stein vom Herzen. Jetzt war alles wieder in Ordnung. Klemens hatte meine Sorge gespürt. Es war okay für ihn, den restlichen Abend unten in der Wohnung zu verbringen. Er öffnete eine Flasche Rotwein, wir machten es uns auf dem Sofa gemütlich und genossen den Abend.

Am nächsten Morgen schien die Sonne bereits kräftig vom Himmel, als wir wach wurden. Die kleinen Ritzen im geschlossenen Rollladen genügten, um ein warmes, angenehmes Licht ins Zimmer fließen zu lassen und uns behutsam zu wecken. Es versprach, ein herrlicher, nochmals fast hochsommerlicher Tag zu werden. Mit einem kleinen Hundespaziergang und einem ausgiebigen Frühstück ließen wir es ruhig angehen. Gegen Mittag fuhren wir los.

Der Weg auf die Schwäbische Alb zur Fohlenaufzucht Seidel dauerte etwa eine Stunde. Direkt an unserer Strecke lag Donzdorf, eine kleine Ortschaft unmittelbar vor der Albkante. Vor über zwölf Jahren hatte ich meinen Charlie aus der dortigen Tierherberge geholt. Diese wird betrieben von einem Tierschutzverein, welcher ausländische Hunde nach Deutschland holt und hier zu vermitteln versucht. Diese Tiere haben in ihren überwiegend südeuropäischen Herkunftsländern keinerlei Überlebenschancen. Entweder führen sie ein Leben auf der Straße, welches geprägt ist von Tierquälerei, oder sie warten in einer der dortigen Tötungsstationen auf ihr Ende. Die Tierherberge Donzdorf besitzt keine Zwinger. Die Hunde leben hier bis zu ihrer Vermittlung in Gruppen. Das Ziel ist es, dass gerade diese geschundenen Tiere bei lieben Menschen ein gutes Zuhause finden.

Ein Bild im Internet hatte mich damals auf Charlie aufmerksam gemacht. Kurz darauf durfte er zu mir nach Freiburg umziehen. Nun, da ich in der Nähe war, wollte ich diesen Leuten nach so langer Zeit einen Besuch abstatten. Ich wollte ihnen zeigen, was für ein toller Hund aus dem damals völlig verunsicherten und verängstigten Charlie geworden war.

Nach einer dreiviertel Stunde bogen wir mit dem Auto in die Einfahrt der Tierherberge ein. Sogleich kam uns eine der vielen ehrenamtlichen Helferinnen entgegen. Sie führte uns über das Gelände und zeigte uns die zahlreichen Hunde, welche in den mit Liebe und Sorgfalt errichteten Ausläufen saßen.

Dann trafen wir einen älteren Herrn, der sich noch an Charlies Geschichte erinnern konnte. Er freute sich ungemein, Charlie zu sehen. Auf diese Weise bekam er ein positives Beispiel für die Arbeit des Tierschutzvereins. Er erzählte uns von negativen Erlebnissen mit gescheiterten Vermittlungen. Einen zurückkehrenden Hund bekam selbstverständlich jeder der Helfer mit. Die positiven Vermittlungen hingegen verloren sie leider schnell aus den Augen.

Umso schöner war es für ihn, Charlie so gepflegt und glücklich zu sehen. Solche Erlebnisse bestätigten das Engagement des Vereins. Diese Arbeit hatte für Charlie den entscheidenden

Unterschied gemacht. Er hatte Glück, er durfte nach Deutschland und hatte hier ein fabelhaftes Leben. Der Mann erzählte von Charlies Geschichte, von seiner Reise nach Deutschland. Er erinnerte sich, wie schwierig die Sache mit dem Zoll in Bulgarien gewesen war. Die Hunde saßen Tage lang an der Grenze fest, bis sie das Okay zur Weiterreise bekamen. Wir unterhielten uns lange mit dem Mann. Es war ein schönes und interessantes Gespräch. Doch wir mussten die Zeit im Auge behalten, schließlich hatten wir noch einen weiteren Termin. So verabschiedeten wir uns und fuhren weiter.

Unser nächstes Ziel war die Fohlenaufzucht Seidel in Böhmenkirch. Die Ortschaft liegt nur etwa zehn Kilometer von der Tierherberge entfernt. Allerdings waren in der Umgebung zahlreiche Straßen gesperrt, sodass wir einen größeren Umweg in Kauf nehmen mussten. Wir waren gut in der Zeit und ließen uns dadurch nicht stören. Im Gegenteil, wir genossen die traumhafte Landschaft der Schwäbischen Alb. Beim Aufstieg an der Albkante bot sich ein überwältigendes Panorama. Dank des Navigationssystems kamen wir ohne langes Suchen an unserem Zielort an. Paula Seidel erwartete uns bereits. Sie kam uns gleich entgegen und begrüßte uns.

Der Hof war wunderschön. Er lag abseits der öffentlichen Straßen am Ortsrand. Kehrte man

dem Wohnhaus den Rücken zu, so sah man außer diesem schönen Pferdestall nur Felder, welche sich in das hügelige Landschaftsbild der
Schwäbischen Alb einfügten. Die unterhalblie-
gende Fahrstraße verschwand hinter Büschen
und Bäumen. Man sah und hörte nichts vom
vorbeifließenden Verkehr. Allein im Winter, berichtete Paula, störten höchstens gelegentlich
vorbeiziehende Skilangläufer die idyllische Einsamkeit.

Erst vor ungefähr einem Jahr hatten die Pferde den Neubau am angrenzenden Wohnhaus
bezogen. Dementsprechend war alles sehr modern, so wie man es sich heutzutage bei einem
artgerechten Pferdestall wünscht: ein großzügig
angelegter Stalltrakt mit viel Freiraum. Jede der
hellen Boxen besaß einen eigenen Paddock. Dies
brachte neben der Bewegungsfreiheit für die
Pferde zusätzlich frische Luft und zusammen
mit den hohen Räumen ein angenehmes Stall-
klima. Heu und Maschinen wurden abseits gela-
gert, um die Staubentwicklung möglichst gering
zu halten.

Paula bot uns eine Stallführung an. Gemeinsam gingen wir vorbei an dem Stallgebäude
der Reitpferde zu einem separat stehenden Offenstall zwischen dem Wohnhaus und den Pfer-
deboxen. Würde Barny hier einziehen, wäre das
sein neues Zuhause.

Der Offenstall war geräumig und bot genügend Platz für eine kleine Fohlenherde. Der Innenbereich konnte mit flexiblen Wänden unterteilt werden. Dadurch bestand die Möglichkeit, ein oder zwei Pferde über einen gewissen Zeitraum zu separieren, wenn dies aus irgendwelchen Gründen notwendig wäre. Zum Offenstall gehörte ein angrenzender Paddock, von dem es direkt auf die Koppeln ging. Im Normalfall stand diese Option 24 Stunden zur Verfügung. Das bedeutete, die Fohlen konnten sich den ganzen Tag über frei entscheiden, ob sie die frische Luft und das Gras auf der Koppel oder das Heu und Stroh im geschützten Stall bevorzugten. Die angrenzenden Koppeln waren groß und weitläufig, zwar nicht vergleichbar mit den kilometerlangen Weiden des Haupt- und Landgestüts Marbach, aber doch wesentlich mehr als das, was Barny in seiner derzeitigen, durchaus großzügigen Unterbringung zur Verfügung stand.

Das Gras hier auf der Schwäbischen Alb war üppig. Selbst nach einem so extrem trockenen Sommer wie in diesem Jahr war es immer noch grün und saftig. Der Temperaturunterschied von zehn Grad zwischen dem heimischen Freiburg und der Schwäbischen Alb macht den Sommer angenehmer. Das raue Albklima führt zu einem geringen Vorkommen an Insekten, welches den

Pferden einen unbeschwerten Koppelaufenthalt ermöglicht. Der Winter hingegen ist lang und kalt. Er bringt viel Schnee und oft nicht enden wollenden Dauerfrost mit sich. Aber das betrachtete ich nicht als Problem. Schöner Pulverschnee ist eine bessere Alternative zu unseren meist schneelosen, matschigen Böden, welche sich nach dem Gefrieren als bucklige Äcker und somit als potenzielle Gefahrenstellen für Sehnenschäden oder andere langwierige Verletzungen darstellen.

Paulas Fohlen waren mit ihren Müttern auf der Weide. Auch hier kamen wir bei unserem Rundgang vorbei. Natürlich musste ich mir Barnys mögliche Spielgefährten ansehen. Mit Frederik, einem Hengstfohlen von Fantastic, freundete ich mich sofort an. Er war bildhübsch. Seine dunkle Jacke schimmerte durch das hellere Fohlenfell. Außerdem war er sehr brav. Vor allem war er für ein Hengstfohlen hochanständig und zeigte keinerlei Hengstmanieren. Hoffentlich würde ihn mein selbstbewusster Barny nicht unterbuttern.

Wir gingen wieder zurück zum Stallgebäude. Die Sonne brannte wie im Hochsommer vom Himmel. Uns allen war heiß. Am meisten machte die Hitze jedoch dem alten Charlie zu schaffen. Das Herz des alten Rüden war sowieso angeschlagen. Er schnaufte und pumpte vor

Anstrengung. Der Weg, den wir zurückgelegt hatten, war gewiss nicht lang. Aber die Wärme staute sich unter seinem dichten Fell. Er brauchte dringend eine Pause. Nach der Hofführung lud uns Paula auf ihre Terrasse ein. Charlie legten wir ins Auto. Im Schatten und mit offenen Fenstern war es dort gut auszuhalten. Hier konnte er sich erholen. In gewohnter Umgebung kam er zur Ruhe und konnte etwas schlafen.

Klemens und ich saßen derweil mit Paula auf der Terrasse ihres Wohnhauses. Wie schon am Telefon unterhielten wir uns prächtig. Wir kamen von einem Thema zum anderen. Die Chemie zwischen uns passte einfach. Eigentlich war alles perfekt, und eigentlich war jetzt schon klar, Barny würde in einigen Wochen hier einziehen. Ein Punkt hinderte mich allerdings daran, Paula sofort zuzusagen: Die Tatsache, dass Barny bei ihr bereits mit einem Jahr kastriert werden müsste.

Ich verspürte zwar nicht den Wunschgedanken eines jeden Züchters, seinen Hengst zur Körung zu bringen. Jedoch hatte ich mir diesen Eingriff für einen wesentlich späteren Zeitpunkt vorgenommen. Denn ich befürchtete, Barny würde sich bei einer so frühen Kastration nicht ideal entwickeln. Es ist ein heiß umstrittenes Thema, wann wohl der optimale Zeitpunkt dafür sei. Eigene Erfahrungen hatte ich in dieser

Hinsicht selbstverständlich nicht. Schließlich war Barny mein erstes Fohlen. Und genau da wollte ich alles hundertprozentig richtig machen. Das Nachfragen bei erfahrenen Züchtern oder Tierärzten half mir diesbezüglich wenig. Würde ich fünf Leute fragen, bekäme ich sieben unterschiedliche Meinungen. Ich musste mich also auf mein Bauchgefühl verlassen. Oder sagen wir, ich musste eine Entscheidung treffen, zu der ich stehen konnte, egal was im Nachhinein passierte.

Paula berichtete mir ausführlich, warum sie den Zeitpunkt der frühen Kastration befürwortete. Sie beantwortete geduldig alle meine Fragen. Natürlich merkte sie meine Verunsicherung. Sie beabsichtigte keineswegs, mich zu überreden. Ganz im Gegenteil. Sie nannte mir andere Betriebe, bei denen Barny während der Aufzucht Hengst bleiben konnte. Und sie gab mir Zeit, das Ganze in Ruhe noch einmal zu überdenken. Jeder musste diese Entscheidung für sich selbst treffen, ganz egal, was andere darüber dachten.

Paula kam mir mit einem großzügigen Angebot entgegen. Sie versprach, Barny im Hinterkopf zu behalten. Solange sie noch freie Plätze hatte, blieb mir einer davon reserviert. Sobald sich ein Interessent für den letzten freien Platz in der Fohlenherde meldete, würde sie mit mir

Rücksprache halten. Für diesen Fall würde sie mir den Vortritt gewähren, bräuchte dann jedoch eine feste Zusage.

Dieses freundliche Entgegenkommen nahm mir viel Druck von den Schultern. Dieser traumhafte Aufzuchtplatz für Barny war mir sicher, ich musste mich aber nicht sofort entscheiden. Dankend nahm ich dieses Angebot an. Ich wollte mir noch Alternativen ansehen, Ställe, in denen Barny als Hengst aufwachsen konnte. War ich anschließend immer noch der Meinung, für Barny wäre der beste Platz bei Paula, würde ich zusagen und in eine frühe Kastration einwilligen. Wir bedankten uns noch einmal für die Gastfreundschaft, verabschiedeten uns und gingen zum Auto.

Charlie lag zufrieden im Kofferraum auf seinem Lammfell und schlief. Die Ruhe hatte ihm gutgetan. Er bekam nochmal etwas zu trinken, dann fuhren wir vom Hof.

Bereits auf der Hinfahrt hatten wir ein Plakat gesehen, das auf ein an diesem Tag stattfindendes Flugplatzfest hinwies. Dieses fand an einem Ort statt, welcher direkt an unserem Heimweg lag. Um den schönen Sommertag noch etwas genießen zu können, beschlossen wir, es zu besuchen.

Dort angekommen fanden wir einen vollbesetzten Parkplatz vor, der sich ein ganzes Stück unterhalb des Fluggeländes befand. Charlie zuliebe fuhren wir weiter, den Berg hinauf, und ergatterten glücklicherweise einen der wenigen Schattenplätze direkt am Eingang.

Wir stiegen aus dem Auto. Der Geruch von Kerosin kroch uns in die Nase. In der Nähe der Startbahn reihte sich ein Flugzeug an das andere. Neue und alte Sport- und Passagierflugzeuge, Militärmaschinen und Hubschrauber standen zur Besichtigung oder für Rundflüge bereit. Auf einem anderen Areal befanden sich zahlreiche Modellflugzeuge.

Noch niemals zuvor war ich auf einem Flugplatz gewesen, geschweige denn bei einer Flugschau. Bevor ich Klemens kannte, hatte ich keinerlei Interesse am Fliegen. Ich bin nicht der Typ, der im Urlaub ferne Länder besucht. Meine Vierbeiner und ein paar nette Menschen um mich herum genügen mir, um vom Alltagsstress abzuschalten.

Klemens stellte sich ganz vorne an die Absperrung, um auch jedes Detail ganz genau beobachten zu können. Ich hingegen setzte mich lieber auf eine schattige Bank. Nicht nur der alte Charlie, sondern auch ich empfand es dort angenehmer, und die Flugschau konnte man von dieser Stelle aus genauso gut verfolgen.

Besonders fasziniert war ich von den Modellflugzeugen. Ich hatte keine Ahnung gehabt, dass es so große Modelle gab: bis zu drei Meter lange, originale Nachbildungen verschiedenster Flugzeugtypen, die vom Boden aus gesteuert in höchster Präzision ihre Kunststücke in den Himmel zeichneten. Wir verfolgten längere Zeit interessiert die Vorführung. Dann machten wir uns auf den Weg zurück nach Stuttgart.

Mit einem Abendessen in einem wunderschön gelegenen Restaurant ließen wir den Tag ausklingen. Wir saßen im Grünen weit oberhalb des Stadtzentrums und genossen einen atemberaubenden Blick über das Häusermeer und das angrenzende Neckartal. Mein Wochenendausflug war schon wieder fast vorbei. Schön war es gewesen, den Alltagsstress einmal hinter mir zu lassen. Nun freute ich mich wieder auf meine Pferde. Die letzten Wochen, die mir zusammen mit Barny noch blieben, wollte ich genießen. Egal wo Barnys Reise anschließend hinging, unsere Wege würden sich trennen, zumindest für eine gewisse Zeit.

15.

In den nächsten Wochen passierte nicht viel Neues. Das übliche Wechselspiel: Koppel, Reitplatz oder Ausreiten. Ich versuchte stets, kleine Veränderungen mit einzubauen, um Barny Abwechslung zu bieten. Anstatt auszureiten, spazierten wir beispielsweise zu saftigen Grünflächen. Ohne das lästige Gebiss der Reittrense, welches Luana beim Fressen hinderlich ist, konnten wir dort eine längere Pause zum Grasen einlegen. Gerade am Ende der Koppelsaison, wenn die Weiden bereits kahlgefressen sind, nutzen die Pferde diese zusätzliche Gelegenheit sehr gerne.

Beim täglichen Umgang zu Hause im Stall versuchte ich ebenfalls, Barny mit neuen Situationen zu konfrontieren. So putzte ich ihn gelegentlich außerhalb der Box. Wie ein Großer stand der kleine Professor bereits im Putzstand, rechts und links angebunden. Er war neugierig und interessiert, was nun mit ihm passierte. Immer wieder nahm ich Barny alleine mit zum Waschplatz. Für Luana waren diese kurzen Trennungsmomente nach wie vor schlimmer als für Barny selbst. Schon beim Führen aus der Box musste ich schnell die Türe hinter uns schließen, sonst drängte Luana mit all ihrer Kraft hinterher. Ihr Mutterinstinkt verriet ihr schon frühzeitig mein Vorhaben, ihren Sohn entführen zu wollen. Hatte ich es geschafft, mit Barny alleine die Box zu verlassen, schrie Luana panisch vor Angst und schlug gegen die Türe. Barny hingegen blieb gelassen und folgte mir wie selbstverständlich. Hin und wieder antwortete er seiner hysterischen Mutter, was allerdings nach seinem Verhalten und seinem Gesichtsausdruck zu urteilen nur so viel bedeutete wie: „Mama! Ich bin doch kein kleines Baby mehr!"

All die gestellten Aufgaben meisterte der Kleine mit Bravour. Aber er wurde frech. Frech, aufmüpfig und flegelhaft. Er stellte gerade alles in Frage. Neue Dinge zu erlernen war toll. Hier war er gefordert. Aber auf viele der alltäglichen Situationen hatte er einfach keine Lust mehr. Stehenbleiben war doof. Fliegenmütze anziehen war doof. Eingesprüht werden war auch doof. Und das Putzen der Vorderbeine war ganz besonders doof! Dazu musste ich bereits Barny am Halfter festhalten, um überhaupt mit der Bürste an seine Beine heranzukommen. Selbst so versuchte er, in alle Richtungen auszuweichen. Sah er keine andere Möglichkeit mehr, endete es oft damit, dass er sich einfach zu Boden fallen ließ.

Aber dieses Benehmen war irgendwie plausibel. Hengste beißen sich bei ihren Rangkämpfen in die Vorderbeine. Somit empfand Barny das Putzen an dieser Stelle als Aufforderung zum Spielen und versuchte bei jedem Ansatz der Bürste, mit mir diesen Hengstkampf auszufechten. Mein sofortiges Unterbinden von Barnys Verhalten führte dazu, dass er aus dieser Situation herauswollte.

Aber das funktionierte nicht, denn ich hielt ihn am Halfter fest. Er musste sich das gefallen lassen und mich als Chefin akzeptieren. Auch wenn wir gemeinsam sehr viel Zeit mit Schmusen und Spielen verbrachten, war es wichtig, dass er wusste, welchen Platz er in der Hierarchie dem Menschen gegenüber einzunehmen hatte. Jetzt war er noch klein, aber irgendwann wird er mehr als fünfhundert Kilo auf die Waage bringen. Und spätestens dann werden ernsthafte Rangordnungs-Auseinandersetzungen lebensgefährlich. Aber momentan gehörte Barnys Verhalten zum ganz normalen Austesten beim Erlernen der Grenzen. Mit Geduld, Konsequenz und vor allem mit fairem Verhalten Barny gegenüber würde er schon bald wieder beim Putzen lammfromm auf allen vier Hufen stehen bleiben. Da war ich mir ganz sicher.

Von einem Tag auf den anderen verabschiedete sich der Sommer. Die Temperaturen fielen abrupt, und schlagartig fühlte man sich wie im späten Herbst. Die Tage waren bereits spürbar kürzer geworden, und der frühmorgendliche Nebel strich tief am Boden über Wiesen und Felder. Auf diesen schnellen Wetterumschwung waren Mensch und Tier nicht vorbereitet. Viele Pferde im Stall holten sich in den für diese Jahreszeit tatsächlich sehr kühlen Nächten eine Erkältung.

Auch Barny kam nicht ungeschoren davon. Seine Augen tränten, die Nase lief, und immer mal wieder hustete er. Aber das war kein Drama. Wie alle anderen Fohlen musste auch er da durch. Das brachte sein Immunsystem erst richtig in Schwung. Kleine Kinder sind schließlich auch immer mal wieder krank. Er war fit, und das war die Hauptsache. Das Einzige, was mich an der Sache etwas beunruhigte, war der Gedanke an Barnys erste Impfung. Diese sollte er noch vor dem Absetzen bekommen, um nicht ganz und gar ungeschützt in einen neuen Stall einzuziehen. Deshalb sollte die Impfung möglichst mit zeitlichem Abstand vor dem Umzug vorgenommen werden und selbstverständlich musste er hierfür gesund sein.

Apropos Umzug! Hier stand noch eine Entscheidung aus. In den vergangenen Tagen hatte ich mir viele Gedanken über Barnys Zukunft gemacht. Nach wie vor war ich der Meinung, dass der Aufzuchtplatz bei Paula für Barny das Beste war. Ich konnte auch keine eindeutig belegten Argumente finden, welche gegen eine frühe Kastration sprachen. Trotzdem befolgte ich Paulas Vorschlag, mir andere Aufzuchtbetriebe anzusehen. Leider fehlte mir auf Grund der großen Distanzen die Zeit, diese Betriebe persönlich in Augenschein zu nehmen. Aber im Zeitalter der interaktiven Medien bekam ich auch ohne lange Autofahrten alle meine Fragen beantwortet, auch visuell.

Mit einem von der Deutschen Reiterlichen Vereinigung ausgezeichneten Betrieb nahm ich sogar telefonischen Kontakt auf. Mein Gesprächspartner, der Stallbesitzer, war sehr freundlich. In dem modernen, preisgekrönten Aufzuchtstall könnte Barny in einer Hengstgruppe aufwachsen. Das Angebot, welches mir der Mann machte, war fair. Mit Sicherheit würde es Barny auch hier an nichts fehlen. Aber im Gegensatz zu dem Platz bei Paula wäre er hier nur eine Nummer, bloß einer von vielen und nicht mehr der kleine Prinz, wie er es von mir gewohnt war.

Ich war überzeugt, es gab keinen anderen Platz für Barny, wo er so viel Zuwendung bekommen würde wie bei Paula. Sie würde ihm weiterhin genau so viel Liebe schenken, wie er in seinen ersten Monaten von mir erhalten hatte. Sie könnte mich ersetzen. Bei ihr wäre Barny eine Persönlichkeit – keine Nummer! Und das war mir unendlich wichtig. Mein Bauchgefühl war bestätigt und somit die Entscheidung gefallen. Barny würde Ende Oktober auf die Schwäbische Alb ziehen. Ich rief Paula an und sagte ihr zu.

Glücklicherweise nahm auch Theo meine Entscheidung gut auf. Es war okay für ihn, dass Barny seinen Stall nach dem Absetzen verlassen würde. Ich war froh, dass er für meine Kündigung Verständnis zeigte. Schließlich wollte ich keineswegs im Unfrieden auseinander gehen, nachdem ich so dankbar war über Theos Unterstützung bei der Geburt und in Barnys ersten Lebenswochen.

Nachdem der weitere Lebensweg von Barny geregelt war, konnte ich mir nun Gedanken über das Vorgehen des Absetzens machen. Vor allem konnte ich meine letzten Wochen mit Barny genießen. Und das tat ich auch.

Unser Alltag verlief vertraut und unkompliziert. Egal ob wir uns auf dem Stallgelände beschäftigten oder uns fernab vom Hof in den Feldern aufhielten, Barny war immer mit Freude dabei. Mit zunehmendem Alter wurde er auch immer selbständiger. Von Tag zu Tag orientierte er sich weniger an seiner Mutter. Stattdessen begann er, das Umfeld mehr und mehr mit eigenen Augen zu betrachten. Die Entscheidung, ob eine Sache interessant oder furchteinflößend war, traf er für sich selbst. Er machte sich sein eigenes Bild von der Welt. Und das war auch gut so. Er war nicht mehr das kleine, hilflose Fohlen. Er zeigte mir, dass die Zeit zum Absetzen bald gekommen war.

Nach wie vor schlug sich Barny mit seiner Erkältung herum. Er war fit und führte uns nach Herzenslust minutenlange, energiegeladene Galopprunden auf dem Reitplatz vor. Aber das Tränen der Augen wurde eher schlimmer. Auch die verschnupfte Nase und der Husten ließen nicht nach. Hinzu kam noch, dass die Lymphknoten immer dicker wurden. Diese schwollen im Kehlbereich beulenförmig bis zu der Größe eines Hühnereis an. Obwohl er sich offensichtlich wohl fühlte, konnte er in dieser Verfassung unmöglich geimpft werden.

Um Barnys Genesung etwas auf die Sprünge zu helfen, rief ich den Tierarzt an. Eigentlich bin ich nicht der Typ Mensch, der wegen jeder Kleinigkeit einen Arzt kommen lässt. Aber der Umzug zu Paula rückte näher, und das beunruhigte mich. Der bevorstehende Stallwechsel würde Barny sowieso einigen Stress bereiten. Ein guter Gesundheitszustand würde ihm die Trennung von seiner Mutter und den Start im neuen Zuhause erleichtern. Der unschöne Gedanke, bei

Paula ein krankes Fohlen abzuliefern, welches womöglich noch die anderen ansteckte, trieb mich zu der Entscheidung, doch den Tierarzt zu konsultieren. Er versprach, am nächsten Vormittag zu kommen. Da ich arbeiten musste, nahm mir Astrid den Termin ab.

Die Untersuchung ergab nichts Schlimmes. Jedoch war Barnys Lunge nicht vollständig frei. In den Atemwegen hing zäher Schleim. Die Erkältung hatte sich festgesetzt und das Immunsystem brauchte Unterstützung. Barny bekam eine Woche lang ein Antibiotikum und zusätzlich für zwei Wochen ein schleimlösendes Medikament.

Ich war etwas erschrocken über das forsche Vorgehen des Tierarztes. Jedoch stellte ich die Anweisung der medikamentösen Unterstützung nicht in Frage. Das Antibiotikum und auch den Schleimlöser bekam Barny direkt ins Maul gespritzt. So konnte ich sicher sein, dass er und nicht Luana die Medikamente erhielt. Gut, dass Barny so brav und unkompliziert war. Andere Pferde, vor allem andere Fohlen, zeigen sich bei dieser Vorgehensweise nicht so kooperativ. Barny hingegen freute sich schon, sobald er die Vorbereitung bemerkte. Er wusste, was nun folgte. Oft kam er mit aufgesperrtem Maul auf mich zu und versuchte, die Spritze selbst ins Maul zu nehmen.

Obwohl sich Barny nach wie vor putzmunter zeigte, fuhr ich meine Aktivitäten mit ihm und auch mit Luana stark zurück. Beide Pferde bekamen Schonprogramm. Wir stellten das Pflegen und Schmusen in den Vordergrund. Immer wieder unternahmen wir kleinere Spaziergänge, welche grundsätzlich längere Pausen zum Grasen beinhalteten. So verstrichen die Tage, und zu meinem Erschrecken rückte der Zeitpunkt des Abschiedes immer näher.

Die Medikamente schlugen gut an. Tag für Tag konnte man sehen, wie die Lymphknoten kleiner wurden. Die anderen Krankheitssymptome waren bereits verschwunden. Ich war erleichtert. Ob es tatsächlich vor dem Umzug mit der Impfung noch klappen würde, war fraglich. Aber zur Not bekam Barny seine erste Impfung auf der Schwäbischen Alb. Hauptsache, er war wieder gesund.

Mit Beendigung der Medikamentengabe steigerte ich wieder das Bewegungsprogramm. Allerdings hielt sich meine Motivation in Grenzen. Es war kalt, und die Tage wurden deutlich kürzer. Unter der Woche schaffte ich es nach der Arbeit kaum noch, mit den Pferden bei Helligkeit eine Runde im Gelände zu drehen. Das triste Herbstwetter glich eher dem des grauen Novembers. Keine Spur vom goldenen Oktober.

16.

Es stand noch einmal ein Fotoshooting an, sozusagen das Abschieds-Fotoshooting. Hierfür stellte ich mir herbstliche Bilder vor: der kleine braune Hengst, Ton in Ton mit den bunten Blättern draußen in der freien Natur. Für diese Wunschbilder pokerte ich. Mindestens bis Mitte Oktober wollte ich abwarten, um möglichst viel von dem farbenreichen Zauber des Herbstes mit den Bildern einfangen zu können. Jedoch waren die Tage derzeit grau, diesig und absolut nicht fototauglich. Schon befürchtete ich, mit dem Verstreichenlassen der sonnigen Tage im September hätte ich die letzte optimale Chance verpasst. Ende Oktober würde Barny umziehen. Es wäre ärgerlich, hätte ich zu sehr gezockt, und unser Abschieds-Fotoshooting könnte nicht mehr stattfinden.

Die unsichere Wetterlage zwang uns, flexibel zu sein. Allerdings gab es eine Reihe von Faktoren, die zusammenpassen mussten und die bei einem spontanen Termin nicht selbstverständlich waren. Die Fotografin musste Zeit haben, und auch ich musste meinen Arbeitsplatz früher als üblich verlassen können. Zur Unterstützung brauchte ich eine helfende Person, welcher es möglich war, ebenfalls kurzfristig zur Verfügung zu stehen. Und auf der Reitanlage, welche ich als Schauplatz für das Shooting ausgewählt hatte, durfte zeitgleich kein Reittraining stattfinden.

Ich bangte. In gut zwei Wochen würde Barny umziehen, und nach wie vor beherrschte ein Tiefdruckgebiet unsere Wetterlage. Aber schließlich wurde ich doch für das lange Warten belohnt!

An einem Montag stimmte einfach alles. Das Wetter war perfekt. Es war nicht nur hell, es war sogar sonnig. An meiner Arbeitsstelle war wenig zu tun, so dass ich mich bereits um die Mittagszeit verabschieden konnte. Auch eine meiner Kolleginnen war frühzeitig fertig und erklärte sich spontan bereit, mir zu helfen. Die Fotografin konnte ebenfalls den Termin kurzfristig einrichten, und die Reitanlage war frei.

Selbst wenn sich alles perfekt anhörte, ein Freibrief für einen wunschgemäßen Ablauf war dies noch lange nicht. Wir hatten ein extrem enges Zeitfenster. Es wurde früh dunkel, und bereits bevor die Dämmerung einsetzte, war das Licht zum Fotografieren nicht mehr optimal.

Da ich mit dem Fahrrad zur Arbeit gefahren war, musste ich erst nach Hause radeln, um dort auf das Auto umzusteigen. Schnellstmöglich fuhr ich weiter in Richtung Stall. Die Autobahn war frei. Der Feierabendverkehr hatte noch nicht eingesetzt. Trotzdem hatte ich das Gefühl, die Zeit rase schneller als die Geschwindigkeitsanzeige auf meinem Tacho.

Endlich bog ich in den Feldweg ein, der zum Hof führte. Mein Auto parkte ich außerhalb der Anlage in der Nähe des Pferdeanhängers, um diesen vor der Abfahrt möglichst schnell ankuppeln zu können. Flotten Schrittes lief ich die Allee hinunter zu den Stallungen. Mit beiden Halftern in der Hand stürmte ich in die Box. Fehlanzeige. Keine Luana, kein Barny weit und breit, nicht in der Box und auch nicht auf dem Paddock.

Erst jetzt bemerkte ich, dass auch die anderen Pferde nicht in ihren Boxen standen. Es war ungewöhnlich, dass ich so früh im Stall war. Um diese Uhrzeit und bei diesem schönen Wetter befanden sich die Pferde natürlich noch draußen auf der Weide. In der Eile war ich an ihnen vorbeigefahren und hatte sie überhaupt nicht wahrgenommen. Ich machte auf dem Absatz kehrt und lief in Richtung Koppeln. Schon nach wenigen Metern rief mich Theo zurück. Es sei ihm lieber, wir holten gemeinsam die gesamte Mutterstutenherde rein. Also drehte ich wieder um. Es standen noch Pferde in der Schleuse. Diese mussten zuerst in ihre Stallungen gebracht werden, damit der Weg frei war. Auch die Hengste mussten eingesperrt werden, bevor die Stuten mit Fohlen an ihrer Koppel vorbei durften.

Ungeduldig trat ich von einem Fuß auf den anderen. Aber natürlich half ich Theo beim Hereinholen der Pferde. Er konnte auch nicht alles stehen und liegen lassen. Sicherlich wäre es schneller gegangen, hätte ich meine Pferde am Halfter von der Weide geführt. Aber ich war nur Gast. Theo war der Chef, und er wollte es nun eben anders.

Die Schleuse war frei, die Hengste waren im Stall. Nun lief ich hinauf zum Koppeleingang und sperrte den Weg ab. Dann öffnete ich beide Tore rechts und links vom Wegrand. Mit einer Peitsche als Verlängerung meines Arms machte ich mich hastig auf den Weg zum hintersten Ende der Koppel. Bei diesem wunderschönen Wetter hatten die Pferde selbstverständlich noch keine Lust, bereits jetzt schon den Heimweg anzutreten. Mit etwas Mühe schaffte ich es letzten Endes, dass sich die gesamte Herde in Bewegung setzte. Es war ein traumhafter Anblick, wie die Mutterstuten mit ihren Fohlen im gestreckten Galopp die Wiese hinunter bretterten.

Alle verließen sie die Koppel in Richtung Schleuse, außer dem kleinen Starlight-Fohlen. Während ich bemüht war, dieses davon zu überzeugen, ebenfalls durch das Tor zu gehen, kamen die anderen auch schon wieder zurück. Aber mit schnellen, geschickten Bewegungen trickste ich die Pferde aus und schaffte es dann doch, alle, auch den kleinen Zögerling, aus der Koppel hinaus in die Schleuse zu treiben. Theo war unten am Stall geblieben. Er nahm die Pferde in Empfang und sortierte sie in die jeweiligen Boxen.

Meine Arbeitskollegin war inzwischen eingetroffen. Sie hatte selbst Pferde und kannte sich aus. Sie konnte mir beim Vorbereiten helfen. Sie richtete Luana, während ich die Hauptperson für die Kamera hübsch machte. Zum Glück hatte sich keiner der beiden gewälzt, sodass das Putzen ruck zuck erledigt war.

An Utensilien für das Fotoshooting benötigten wir nicht viel. Wenn jeder von uns auf dem Weg zum Anhänger etwas in die Hand nahm, dann brauchten wir nur einmal zu laufen. Aber die Sachen mussten erst einmal zusammengesucht werden. Denn ausgerechnet an diesem Tag war in der Sattelkammer eine größere Baustelle. Theo bekam eine neue Heizung. Hierfür wurde ein großes Loch in die Wand gebohrt, und alles, was sich bis gestern noch in diesem Raum befunden hatte, war nun auf dem Hof verteilt.

Letzten Endes fanden wir, was wir brauchten, es kostete nur Zeit, Zeit, welche wir eigentlich nicht hatten. Nun denn. Wir liefen vollgepackt zum Pferdeanhänger und verstauten alles. Im Schnelldurchgang überflogen wir noch einmal, ob wir auch wirklich an alles gedacht hatten. Dann kuppelten wir den Anhänger am Auto an, luden die Pferde ein und fuhren los.

Es war Viertel vor Vier. In 45 Minuten sollte es los gehen. Wir mussten eine halbe Stunde Fahrzeit einplanen. Die Entfernung zwischen Stall und Zielort betrug immerhin vierzig Kilometer. Hinzu kam, dass um diese Tageszeit viele Pendler die Straßen füllten und der Verkehr dadurch zähflüssig wurde. Die Pferde standen ruhig und gut ausbalanciert im Anhänger. Ich drückte aufs Gaspedal. Die Zeit drängte. Um schneller ans Ziel zu kommen, überholte ich verbotenerweise immer mal wieder einen LKW. So schaffte ich es, die geplante dreißigminütige Fahrzeit einzuhalten.

Um Viertel nach Vier stiegen wir in Meißenheim aus dem Auto. Gemeinsam luden wir die Pferde aus. Im Hauruckverfahren sattelten wir Luana. Bei Barny entfernten wir noch einmal die letzten Reste Heustaub. Dann waren wir startklar. Trotz aller Hindernisse hatten wir es rechtzeitig geschafft.

Es ging los. Nun konnte ich Barny die herrliche Geländestrecke in Meißenheim zeigen. Jetzt hoffte ich nur noch, dass Barny sich vor der traumhaften Kulisse gut präsentierte. Ich ritt mit Luana weg vom Parkplatz ins freie Gelände. Wie bei unseren Ausritten war Barny an Luana festgebunden. Ich wollte vermeiden, dass er seiner Energie schon freien Lauf ließ, bevor die Kamera in Position war.

Angekommen in dem kleinen Wäldchen, dem Zentrum der Vielseitigkeitsstrecke, wurde Barny frei gelassen. Nicht nur der Strick wurde entfernt, sondern auch das optisch störende Halfter. Barny war noch niemals zuvor hier gewesen. Die Geländestrecke brachte viele neue Dinge zum Erkunden. So aufgeweckt und temperamentvoll, wie ich Barny kannte, würde er sich gewiss übermütig und neugierig vor der Kamera präsentieren. Im Kopf malte ich mir schon wunderschöne Bilder aus, wie Barny einen Freudensprung nach dem anderen zeigte.

Aber es kam alles anders als gedacht. Kaum hatten wir Barny das Halfter abgenommen, damit er sich frei bewegen konnte, entdeckte er als erstes das saftige Gras, welches im Gegensatz zu den abgefressenen Koppeln zu Hause hier selbst im Herbst noch üppig aus der Erde spross. Nun hatte bei ihm Fressen oberste Priorität.

Barny war völlig gelassen. Durch meine vielen Unternehmungen war er es gewohnt, an fremde Orte zu kommen. Später würde ich sicher einmal davon profitieren, wenn er sich als junges, unerfahrenes Reitpferd auf Turnieren cooler und ausgeglichener präsentierte als seine Mitstreiter.

Doch im Moment wünschte ich mir für die Fotos etwas mehr Action: einen elegant traben-den Hengst mit gestelltem Schweif und stolz erhobenem Haupt, mit großen Augen und auf-geblähten Nüstern. Stattdessen stand Barny mit gesenktem Kopf zwischen den vielen Gelände-hindernissen und graste.

Die Fotografin war für solche Fälle vorbereitet. Sie brachte immer verschiedene Gegenstände mit, welche Lärm erzeugten und in der Regel als kleine Motivationsspritze für ausdrucksstarke Bewegungen dienten. So bekamen wir auch eini-ge Aufnahmen von Barny mit beeindruckenden Bewegungsabläufen. Aber schnell hatte er sich an das Geräusch gewöhnt und hob allerhöchs-tens noch kurzzeitig den Kopf.

Nun war ich gefordert. Ich galoppierte mit Luana durch den Wald, hin und her, immer wieder an Barny vorbei. Zwischendurch ent-fernte ich mich auch mal ein ganzes Stück von ihm. Gelegentlich versteckte ich mich, sodass er uns nicht mehr sehen konnte. Selbst daran ge-wöhnte er sich sehr schnell. Er trabte gelassen in die Richtung, in der er uns vermutete. Aber zumindest bewegte er sich, wenn auch meist mit einem Grasbüschel zwischen den Zähnen.

Es war wie verhext. Beim ersten Fotoshooting hatten wir das gleiche Problem. Sobald die Fotografin auftauchte, bewegte sich der kleine, sonst so freche Hengst kein Stück freiwillig. Mit Geduld und vielen Tricks schafften wir es dann doch, Barny immer wieder aus der Reserve zu locken und zum Mitmachen zu motivieren.

Letzten Endes bekamen wir doch alles, was wir von ihm wollten. Bilder im gestreckten Galopp, im ausdrucksstarken Trab, beim Sprung über ein Hindernis und beim Rennen durch das aufspritzende Wasser. Stolz widerspiegelnde Portraits im Stand rundeten das Auswahlrepertoire der Bilder mehr als erfolgreich ab.

Nun hatten wir es also doch geschafft, meine Wunschbilder einzufangen: ein bezauberndes Fohlen in guter Bewegung bei strahlendem Herbstwetter und das Ganze vor traumhafter Kulisse. Ich konnte nur danke sagen, danke dafür, dass alles perfekt gelaufen war und ich diesen Tag mit meinem Fohlen erleben durfte. Ich sattelte ab. Dann verluden wir die Pferde.

Der Rückweg verlief unproblematisch. Bereits eine halbe Stunde später standen Luana und Barny wieder in ihrer Box. Hier konnten sie in Ruhe noch einmal den aufregenden Tag Revue passieren lassen. Vielleicht träumte Barny in der Nacht von den saftigen, grünen Wiesen, die er in Meißenheim vorgefunden hatte.

17.

Nun war es nicht mehr lange bis zu Barnys Umzug auf die Schwäbische Alb und der damit verbundenen Trennung von seiner Mutter. Von meiner Seite her war alles vorbereitet. Ich hatte erreicht, was ich Barny beibringen wollte. Und alles, was ich mit ihm unternehmen oder ihm von dieser Welt zeigen wollte, durften wir gemeinsam erleben.

Eine kleine Aufregung gab es allerdings noch. Eines Abends klingelte mein Handy. Zu meiner Überraschung stand auf dem Display der Name Paula Seidel, der Betreiberin der Fohlenaufzucht. Sie hatte eine wichtige Sache zu besprechen. Gerade eben erst hatte sie erfahren, eines der angemeldeten Fohlen, welches mit Barny zusammen in einer Gruppe aufwachsen sollte, koppte.

Unter Koppen versteht man eine Verhaltensstörung bei Pferden. Dabei wird durch Anspannen der unteren Halsmuskulatur der Kehlkopfdeckel geöffnet und Luft in die Speiseröhre gezogen. Ohne einen wissenschaftlichen Beweis dafür zu haben, besteht die weitverbreitete Meinung, dass Pferde, die dieses Verhaltensmuster aufweisen, weniger leistungsbereit sind und außerdem zu Koliken neigen. Fohlen schauen sich viel voneinander ab. Zweifellos möchte niemand, dass sich sein Sprössling so eine Unart angewöhnt.

Nun stellte sich die Frage, ob das koppende Fohlen überhaupt in die Gruppe aufgenommen werden sollte. Die Besitzerin hatte auch nicht mit offenen Karten gespielt. Paula hatte nur durch Zufall davon Wind bekommen. Sie wusste selbst nicht, wie sie reagieren sollte. Die meisten Plätze der verschiedenen Fohlenaufzuchtstationen waren bereits belegt. Würde sie das Fohlen abweisen, wäre es für die Besitzerin mit Sicherheit schwierig, eine andere Unterkunft zu finden. Paula informierte uns angemeldete Fohlenbesitzer über die neue Sachlage. Sie machte uns das Angebot, wenn nur einer von uns nicht wollte, dass das koppende Fohlen bei ihr einzog, würde sie der Besitzerin absagen. Wir sollten uns alle in Ruhe darüber Gedanken machen. Auch sie würde dies tun. In ein paar Tagen müssten wir dann gemeinsam zu einer Entscheidung kommen. So verblieben wir.

Hörte ich auf mein Bauchgefühl, hatte ich bereits jetzt schon die Entscheidung getroffen. Ich wollte nicht, dass mein Barny zusammen mit einem Kopper aufwuchs. Andererseits war es mir unangenehm, diejenige zu sein, die den Ausschlag gab, dass der andere kleine Hengst nun kurz vor dem Absetzen keinen Aufzuchtplatz hatte. Irgendwie fühlte ich mich dafür verantwortlich.

Doch ich musste an meinen Barny denken. Um mein Bauchgefühl zu bestätigen, sprach ich noch mit anderen Züchtern, anderen Aufzuchtbetrieben, Reitern und Pferdebesitzern. Alle bestätigten mir meine Meinung. Also rief ich Paula an und teilte ihr meine Entscheidung mit. Ihrer Reaktion nach konnte ich entnehmen, dass sie vermutlich auch so gehandelt hätte, wenn ich diesen Wunsch nicht ausgesprochen hätte. Wir waren beide gleicher Meinung, und sie war mir keineswegs böse. Mit ihrer Reaktion nahm mir Paula einen erheblichen Teil meiner Schuldgefühle ab. Nun war der Weg frei für eine optimale Aufzucht von Barny.

Nur noch ein paar Tage, dann würden wir uns auf die Reise nach Böhmenkirch machen. In der letzten Woche kam der Tierarzt zum Abschlussgespräch. Barny war fit. So nutzten wir diese letzte Gelegenheit zur Impfung und damit den Einstieg in die Grundimmunisierung. Wie nicht anders zu erwarten war, benahm sich der Kleine beim Impfen vorzüglich. Er zuckte nicht einmal, als der Tierarzt die Nadel in seine Brustmuskulatur stieß. Im Handumdrehen war alles vorbei, ohne dass er wirklich etwas bemerkt hatte.

Zum Abschied gab es noch ein Riesenlob vom Tierarzt. Ich hatte ihn nie nach seiner Meinung zu meinem Fohlen gefragt. Trotzdem hatte er das Bedürfnis, sie mir mitzuteilen. In seinen Augen war der kleine braune Hengst ein Traumfohlen! Wunderschön und mit viel Qualität ausgestattet. Er meinte, Barny habe sich spitzenmäßig entwickelt und würde, wenn er gesund blieb, mit Sicherheit zu einem hervorragenden Sportpferd heranwachsen. Ich strahlte wie ein Honigkuchenpferd. Der Tierarzt war ein Fachmann. Er war ein spezieller Veterinär für Pferde und betreute sehr viele Züchter in der Region. Er hatte viel Erfahrung und große Vergleichsmöglichkeiten. Seine Meinung hatte er ungefragt geäußert und daher sicherlich genau so gemeint. Ich war mal wieder unendlich stolz auf meinen Barny.

Die letzten Tage vor Barnys Umzug waren eher traurig. So viele Stunden hatte ich in den vergangenen Monaten mit diesem Fohlen verbracht. Wehmütig schaute ich zurück. Zahlreiche schlaflose Nächte voller Sorgen hatte er mir bereitet: die Lahmheit in den ersten Lebenswochen, der nicht enden wollende Durchfall, seine Koppelausbrüche und schließlich seine schwere Erkältung in den letzten Wochen.

Diese negativen Momente waren es jedoch nicht, die meine Erinnerungen geprägt hatten.

Was wirklich in meinem Herzen verankert war, das waren die vielen Augenblicke voller Freude und Glück! Ich hatte versucht, Barny eine perfekte Kindheit zu ermöglichen. Er hatte vieles erlebt in seinen ersten Monaten. Er war oft unterwegs gewesen und durfte Neues erkunden. Zu Hause genoss er eine konsequente, aber liebevolle Erziehung. All das dankte er mir jeden Tag. Seine Freude, wenn ich die Box betrat, das Vertrauen, welches er mir in neuen, furchteinflößenden Situationen entgegenbrachte, das waren die Augenblicke, die diese Zeit so wundervoll und unvergesslich machten.

Ich war unendlich dankbar, dass ich all das erleben durfte. Luana hatte mir ein bezauberndes, gesundes Fohlen geschenkt. Das war keine Selbstverständlichkeit. Auch hierfür musste ich danke sagen. Danke, dass ich mal wieder auf der Sonnenseite des Lebens stand und alles genau so abgelaufen war, wie ich es mir vor einem Jahr erträumt hatte. Aber die Zeit war reif, den kleinen Zwerg von damals, der mittlerweile zu einem großen, stattlichen Fohlen herangewachsen war, ziehen zu lassen. Luana und ich mussten uns bald verabschieden. Die schöne gemeinsame Zeit war nun vorbei.

Am Tag vor der Reise auf die Schwäbische Alb kullerten bei mir bereits die ersten Tränen. Alles was ich tat, tat ich bewusst. Ich wusste ganz genau, dass es das Letzte war, was wir zu dritt erlebten. Barny war zum letzten Mal mit seinen hiesigen Freunden auf der Koppel. Gut, dass er es nicht wusste und dass Pferde auch nicht so denken wie wir Menschen. Es reichte, dass ich derzeit von Traurigkeit geprägt war.

An diesem Tag verließ ich mit den Pferden nicht den Hof. Barny war halbstark geworden. Zwar war er nach wie vor draußen im Gelände sehr brav, aber ich hatte Mühe, seine immer häufiger auftretenden Temperamentsausbrüche im Zaum zu halten. Am letzten Tag wollte ich nichts provozieren. Deshalb ging ich allen potenziellen Gefahrenstellen aus dem Weg. Die Pferde sollten Kräfte sammeln für die lange Fahrt.

18.

24. OKTOBER   Der große Tag war gekommen. Früh morgens machte ich mich auf in Richtung Stall. Meine Mutter saß neben mir im Auto. Sie war mitgekommen, um sich ebenfalls von Barny zu verabschieden. Normalerweise hat sie nichts mit Pferden zu tun. Sie ist eher ängstlich und traut den großen, mächtigen Vierbeinern nicht. Aber den kleinen Barny hatte sie in ihr Herz geschlossen. In den letzten Monaten teilte sie alle Freuden und Sorgen mit mir und wollte natürlich wie ich nur das Beste für seinen weiteren Lebensweg.

In Forchheim angekommen hatten wir noch reichlich Zeit. So beschloss ich, Luana und Barny ein letztes Mal gemeinsam auf den Reitplatz zu stellen. Hier konnten sie sich vor der langen Fahrt etwas die Beine vertreten. Es war sogar noch möglich, beide Pferde neben der Hofeinfahrt ein paar Minuten grasen zu lassen. Dann brachte ich Mutter und Sohn gemeinsam zum Putzplatz. Sie sahen so glücklich aus. Keiner von beiden ahnte, was ihnen bevorstand und wie der heutige Tag alles verändern würde.

Luana und Barny wirkten so zufrieden, dass sich sogar meine Mutter traute, beim Striegeln zu helfen. Ich glaube, es war das erste Mal, dass sie ein Pferd putzte. Zumindest konnte ich mich nicht erinnern, dass sie es schon einmal getan hatte. Ohne zu zögern putzte sie nach Luana auch den kleinen Barny. Sie war völlig überrascht zu hören, dass es absolut keine Selbstverständlichkeit war, dass sich ein Fohlen so problemlos bürsten ließ, dazu noch von einer fremden Person.

Nachdem beide Pferde glänzten und alle Vorbereitungen abgeschlossen waren, durften sie noch einmal in ihre Box. Sie bekamen Zeit, in Ruhe ihr Kraftfutter zu fressen, welches während unserer Putzaktion in den Trögen verteilt worden war. Die Pferde sollten den langen Weg nicht mit hungrigem Magen antreten. Außerdem bekam Luana zu ihrer Kraftfutterration vorbeugend noch ein leichtes Beruhigungsmittel. Ich wusste jetzt schon, dass für sie der Abschied von ihrem Fohlen dramatisch und schmerzlich verlaufen würde.

Der Anhänger war gerichtet, und ein vollgestopftes Heunetz stand den Pferden als Wegproviant zur Verfügung. Ohne zu zögern stiegen Luana und Barny ein. Die Fahrt konnte beginnen.

Meine Mutter fuhr nicht mit, für sie wäre das Ganze zu aufregend gewesen. Stattdessen begleitete mich meine Freundin Bettina, die mich schon des Öfteren auf einer mehrtägigen Tour mit Pferden unterstützt hatte, und natürlich Charlie. Der Treffpunkt, den ich mit ihr vereinbart hatte, lag nur wenige Kilometer vom Stall entfernt direkt an meiner Strecke.

Bis zum Zielort Böhmenkirch waren es insgesamt 250 km. Die Stecke führte über die A5 und die A8 bis kurz hinter Stuttgart. Von dort ging es weiter über eine Schnellstraße, und nur das allerletzte Stück führte uns auf kleinen Straßen durch Ortschaften. Wir rechneten mit dreieinhalb Stunden Fahrzeit, denn wir durften mit dem Anhänger nicht schneller als achtzig Stundenkilometer fahren. Pünktlich um 10 Uhr rollte mein Auto mit den Pferden vom Hof. Barnys große Reise begann.

Der morgendliche Nebel hatte sich verzogen. Es war ein traumhafter Herbsttag. Die Sonne schien, und die Landschaft rechts und links der Straße leuchtete in bunten Farben.

Auf dem Weg zum Treffpunkt mit Bettina bog ich in Richtung Autobahn ab. Noch während ich die Auffahrt zur A5 hinauf fuhr, sah ich langsam fahrende PKWs, welche abbremsten und die Geschwindigkeit drosselten bis zum kompletten Stillstand. Stau! Ich fuhr direkt in einen Stau hinein. Von der tieferliegenden Landstraße hatte ich die Autoschlange nicht rechtzeitig erkennen können, sonst wäre ich über die parallel verlaufende Bundesstraße gefahren. Jetzt konnte ich nicht mehr umdrehen, jetzt musste ich geradezu in den Stau hineinfahren.

Ich rief Bettina an und informierte sie, dass ich mich verspäten würde. Weder sie noch ich hatten im Verkehrsfunk etwas von Stau auf dieser Strecke gehört. Nach kurzem Überlegen fiel mir ein, warum die Autobahn verstopft war. Eigentlich war es klar, ich hatte nur nicht daran gedacht. Keiner von uns hatte daran gedacht. Das Problem hieß: Europa-Park-Verkehr! Es war Samstagmorgen und dazu noch absolut geniales Wetter. Tausende Besucher vom In- und Ausland strömten in den nahegelegenen Freizeitpark. Dies hatte zur Folge, dass in dessen Umkreis die Straßen überlastet waren und ich einen Großteil der 15 km bis zum Treffpunkt im Stopp and Go hinter mich bringen musste.

"Na super, die lange Fahrt beginnt ja gut!" dachte ich. Aber man konnte auch sagen: Es kann nur besser werden! Auf jeden Fall würden wir nun mehr als dreieinhalb Stunden Fahrzeit benötigen. Aber wir hatten keinen Zeitdruck. Die Hauptsache war, wir kämen alle gesund bei Paula Seidel an. Mit Erreichen der Ausfahrt zum Europa-Park war der Stau vorbei. Nun war es nicht mehr weit bis zum Treffpunkt.

Bettina stieg zu. Dann machten wir uns auf die hoffentlich nun staufreie Fahrt in Richtung

Böhmenkirch. Und tatsächlich, es lief wie am Schnürchen. Die Pferde standen ruhig und mustergültig im Anhänger. Wir hatten freie Fahrt, und nicht einmal im Ballungsraum Stuttgart stockte der Verkehr. Laut Wegbeschreibung sollten wir die Autobahn kurz nach Stuttgart verlassen. Doch die vorgesehene Ausfahrt war gesperrt!

Gezwungenermaßen verließen wir die A8 über die nächste Ausfahrt. Es gab keine ausgeschilderte Umleitung. Auch unser Navigationssystem funktionierte nicht. Auf keinem der Straßenschilder waren Städte oder Ortschaften angegeben, an denen wir uns orientieren konnten. Ich versuchte, Paula anzurufen, erreichte sie jedoch nicht. Sicherlich saß sie auf einem Pferd, und das Handy lag einsam und nutzlos in der Sattelkammer.

Wir fuhren nur nach Gefühl. Es war nicht einmal jemand da, den wir hätten fragen können. Normalerweise habe ich eine gute Orientierung, und bisher kam ich immer an meinem Zielort an. Aber jetzt wusste ich einfach nicht mehr weiter. Wir waren schon so lange unterwegs. Außerdem war es für diese Jahreszeit sehr warm. Die Pferde schwitzten im Anhänger. Charlie lag im Kofferraum und hechelte. Und ich hatte einfach keine Lust mehr. Ich wünschte, Klemens wäre da. Er kannte sich in dieser Gegend aus.

Er könnte uns auch ohne ausgeschilderte Umleitung den richtigen Weg weisen. Ursprünglich wollte er bei Barnys Umzug mitkommen. Aber es lief alles anders. Er musste kurzfristig an diesem Wochenende nach Berlin und konnte nicht dabei sein. Wir waren beide traurig darüber. Wir sahen uns sowieso selten und hätten diesen Schritt in Barnys neuen Lebensabschnitt gerne gemeinsam erlebt. Aber es war nun so. Klemens war nicht da und konnte mir somit auch nicht helfen.

In der nächsten größeren Ortschaft hielten wir an einer Tankstelle an und fragten nach dem Weg. Die junge Frau hinter der Kasse schmunzelte. Wir waren weiß Gott nicht die Ersten, die hilfesuchend umherirrten. Sie bestätigte die fehlende Ausschilderung der Umleitung. Der Weg war schwierig zu finden, weshalb viele verzweifelte Autofahrer bei ihr landeten. Sie erklärte uns den Weg zur Bundesstraße 313, welche als Schnellstraße ausgebaut war und uns zur B10 und somit auf unseren richtigen Weg bringen sollte. Die Frau merkte jedoch gleich an, dass es auch hier eine Baustelle gäbe. Aber zumindest wussten wir wieder, in welche Richtung wir fahren mussten.

Wir waren froh, endlich die B313 erreicht zu haben. Die Irrfahrt durch kleine Ortschaften hatte ein Ende. Wir waren wieder auf dem richtigen

Weg. Doch die angekündigte Baustelle ließ nicht lange auf sich warten. Wieder Vollsperrung, aber glücklicherweise diesmal mit ausgeschilderter Umleitung. Gezwungenermaßen verließen wir wieder die Schnellstraße und folgten der Beschilderung. Der Verkehr staute sich. Die kompletten 15 km Baustellenumfahrung bewegten wir uns im Stopp and Go.

Langsam wurden die Pferde ungeduldig. Immer wieder dieses Abbremsen, Anhalten und wieder Anfahren. Sie wieherten. Sie wollten endlich raus aus diesem blöden, engen Anhänger. Sie taten mir leid. Aber ich konnte nichts ändern. Sie mussten sich noch etwas gedulden. Auch wir – einschließlich Charlie – mussten uns gedulden.

Kaum hatten wir die Umleitung und somit auch den Stau hinter uns gelassen, ging es wieder flüssig weiter. Die Pferde beruhigten sich. Es gab keinerlei weitere Vorkommnisse. Der letzte Rest der langen Strecke verlief problemlos. Trotzdem hielten wir kurz vor dem Aufstieg an der Albkante noch einmal an. Ich wollte nach Charlie sehen. Im vorherigen Stau hatte er extrem gehechelt. Nun bekam er etwas zu trinken und durfte um Pipi zu machen kurz aus dem Kofferraum heraus. Schließlich musste ich mich später bei der Ankunft erst einmal um die Pferde kümmern, da wollte ich auf Nummer sicher gehen, dass es dem alten Rüden gut ginge. Alte Tiere sind wie alte Menschen. Sie stecken anstrengende Reisestrapazen nicht mehr so leicht weg wie in jungen Jahren. Aber Charlie ging es gut, und so fuhren wir zügig weiter, um die letzten Kilometer hinter uns zu bringen und die Pferde endlich aus dem Anhänger erlösen zu können.

Nach fast fünf Stunden Fahrt erreichten wir schließlich wohlbehalten die Fohlenaufzucht Seidel in Böhmenkirch. Wir stiegen aus dem Wagen. Mein erster Griff öffnete den Kofferraum, um Charlie, welcher noch im Auto liegenbleiben musste, frische Luft zu gewähren. Paula kam bereits auf uns zu. Sie begrüßte uns herzlich. Dann befreiten wir die Pferde. Wir luden Luana und Barny aus dem Anhänger aus und brachten sie gemeinsam in eine schöne große Box. Hier konnten sie sich erst einmal von der langen Fahrt erholen, bevor die schmerzliche Trennung auf sie zukam.

Luana stürzte sich gleich auf das Heu. Sie war völlig unkompliziert in fremder Umgebung. Solange sie ein sauberes Plätzchen hatte und dazu genügend Futter und Wasser, war für sie die Welt in Ordnung. Sie war viel mit mir unterwegs. Sie hatte kein Problem, in einem fremden Stall zwischen unbekannten Pferden zu stehen. Barny hatte diese Gelassenheit bereits bei zahlreichen Ausflügen von seiner Mutter gelernt. Auch er

war entspannt. Aber er interessierte sich nicht für das bereitgelegte Heu. Er stand am Fenster, den Kopf weit nach oben gestreckt und die Ohren gespitzt. So stand er da. Minutenlang. Seine Augen funkelten. Ich weiß nicht, was er dachte. Doch er sah glücklich aus. Er war fasziniert von den aus Fohlensicht unendlich groß wirkenden Koppeln. Direkt vor ihm lagen ausgedehnte Grünflächen. Der sanft ansteigende Hügel hinter dem Stall führte dazu, dass aus Barnys Blickwinkel die Koppeln bis in den Himmel hinauf reichten. Bis zum Horizont, soweit er sehen konnte, erblickte er nur saftiges, grünes Gras, offene Flächen und viel Platz zum Toben.

Barny stand wie versteinert da und staunte. Solche Weiten kannte er bisher nicht. Woher auch? Im Freiburger Umland findet man diese großen, grünen Flächen nicht. Bei uns war alles eng und zugebaut. Freie Bereiche waren von den Landwirten mit Mais oder anderem Getreide bewirtschaftet. Jeder Quadratmeter musste möglichst viel Geld einbringen. Es wurde das angebaut, was vom Staat subventioniert wurde. Und Weideflächen standen dort ganz hinten an. Auf der Schwäbischen Alb tickten die Leute noch etwas anders. Sie hatten eine andere Einstellung zur Landwirtschaft und konnten diese aufgrund der dortigen räumlichen Verhältnisse auch umsetzen.

In dieser märchenhaften Umgebung würde Barny eine wundervolle Kindheit verbringen. Das wusste ich. Er hingegen träumte bislang nur davon.

Zwischenzeitlich hatte sich Klemens bei mir auf dem Handy gemeldet. Er war früher als gedacht auf der Rückfahrt von Berlin und wollte auf dem direkten Weg zu uns kommen. Er hatte den kleinen Barny in sein Herz geschlossen und wollte sehen, wie dieser die Trennung von seiner Mutter verkraftete und wie er sich in seiner neuen Heimat eingewöhnte. Doch momentan befand sich Klemens auf der Autobahn und hatte noch einige Kilometer vor sich. Sicherlich benötigte er noch eine Stunde, bis er hier auf dem Hof ankam. Aber das machte nichts. Der Tag war noch lang, und Klemens würde noch genügend von der aufregenden Situation mitbekommen.

Die Fohlengruppe, die gebildet werden sollte, bestand nur aus wenigen Tieren. Paula legte Wert auf eine individuelle Betreuung ihrer Schützlinge. Das war nur in einer kleinen Gruppe möglich. Aber jedes Fohlen, welches so einen Platz ergattert hatte, profitierte meiner Meinung nach enorm von dem liebevollen Menschenkontakt. Insgesamt sollten zu diesem Zeitpunkt vier Jungtiere von ihren Müttern getrennt und in eine Gruppe zusammengeführt werden. Davon waren zwei hier auf dem Hof geboren. Dazu kamen Barny und ein weiteres fremdes Fohlen. Dieses andere fremde Fohlen war bereits vor Ort. Es hieß Fino und war ein Fuchs mit dressurlicher Abstammung.

Dieser kleine Hengst stand mit seiner Mutter im unteren Stall, wo sie auf mein Okay für die Zusammenführung warteten. Fino und Barny sollten sich zuerst kennenlernen, bevor die beiden anderen, die sich ja bereits kannten, dazu geholt wurden.

Luana und Barny standen immer noch in ihrer Box im oberen Stall. Aber die gemeinsame Zeit war nun endgültig vorbei. Die beiden hatten Gelegenheit gehabt, sich von der Fahrt zu erholen. Nun war der Zeitpunkt des Abschieds gekommen. In dem Moment, in dem wir Luana und Barny aus der Box führten, wurde Fino bereits von seiner Mutter getrennt. Während die Stute hinausgeführt und schnurstracks im Pferdeanhänger vom Hof gebracht wurde, musste der Kleine im Stall bleiben. Er wieherte verwirrt und angsterfüllt. Seine Mutter hingegen nahm die Sache ganz locker. Ihr merkte man keine größere Aufregung an.

Nun musste es schnell gehen. Fino war völlig alleine, er musste zügig Gesellschaft bekommen, um nicht in Panik zu geraten. Aber der kleine Barny war bereits unterwegs zu ihm. Vom einen zum anderen Stall waren es nur wenige Meter. Ein paar Meter, ein paar Schritte, die mir unendlich schwerfielen. Es war der letzte gemeinsame Weg von Luana und Barny. Unsere wunderschöne Zeit zu dritt ging hiermit zu Ende. Ich war traurig. Ich war nervös, und ich hatte Angst. Angst vor Luanas Reaktion, wenn sie begriff, ihren geliebten Barny verloren zu haben. Denn ich wusste, wie sensibel Luana war. Um Barny hingegen brauchte ich mir weniger Sorgen zu machen. Er war mittlerweile selbstbewusst genug, um über die Trennung von seiner Mutter hinweg zu kommen.

Am Fohlenstall angekommen öffnete ich die Türe und führte Barny wie selbstverständlich hinein. Doch bevor Luana nachkommen konnte, schloss Paula vor ihr die Türe. Darauf reagierte Luana schlagartig nervös. Sie wieherte und tänzelte auf der Stelle. Sie wollte hinterher, so wie es bis zu diesem Zeitpunkt immer gewesen war. Sie ging dorthin, wo sich ihr Fohlen befand und umgekehrt. Aber dieses Mal wurde es ihr verweigert.

Luana verstand die Welt nicht mehr. Ihr Barny war in diesem fremden Stall. Man machte einfach die Türe zu, und sie musste draußen bleiben. Noch mehr empörte es Luana, als Bettina sie wieder in ihre Box im anderen Stall zurückbringen wollte. Alleine! Ohne ihren Barny!

Luana war außer sich. Doch sie war ein liebes, guterzogenes Pferd, und egal ob ihr es passte oder nicht, sie ging mit. Allerdings nur unter Protest.

In dem Moment, als Luana wieder in ihrer Box stand und die Türe von außen zugezogen wurde, realisierte sie erst richtig, was passiert war. Jetzt brach sie in Panik aus. Luana versuchte, die Box auseinander zu nehmen. Sie wollte hier nicht eingesperrt sein, nicht alleine, nicht ohne ihr Fohlen. Barny war sicherlich für Luana in den letzten Wochen anstrengend gewesen mit seinem halbstarken, frechen Benehmen. Das war aber für sie noch lange kein Grund, von ihm Abstand nehmen zu wollen. Luana schrie! Ihr ganzer Körper bebte. In ihrer Verzweiflung versuchte sie, die Boxenwand zusammenzuschlagen. Sie wollte raus! Sie wollte wieder in den anderen Stall zu ihrem Fohlen. Sie warf sich gegen die Tür und schlug mit all ihrer Kraft mit beiden Hinterhufen gegen die Boxenwand. Es knallte! Immer und immer wieder ertönte der laute Aufprall der Hufe. Der Lärm war deutlich bis in den unteren Stall zu hören. Ich saß bei Barny, und obwohl ich es nicht sehen konnte, zuckte ich bei jedem Schlag zusammen. Ich wusste ganz genau, woher dieses Poltern kam.

Paula hatte Angst um ihre Box. Bettina und ich hingegen fürchteten uns um Luanas Beine.

Hoffentlich passierte nichts. Hoffentlich zog sich Luana keine ernsthafte Verletzung zu. Für Schäden an der Box würde die Haftpflichtversicherung aufkommen. Darüber machte ich mir keine Gedanken. Aber jetzt war es angebracht, Luana das Sedierungsmittel zu verabreichen, welches der Tierarzt mir vorsorglich mitgegeben hatte.

Barny nahm die Trennung wesentlich gefasster auf als seine Mutter. Die ersten ein bis zwei Minuten rannte er aufgeregt hin und her. Dabei landete er mehrmals auf dem Boden im weichen Stroh. Doch er beruhigte sich schnell. Er war ja nicht ganz alleine. Der kleine Fino war bei ihm, ein Leidensgenosse. Dem Fuchsfohlen ging es nicht anders, er vermisste ebenfalls seine Mutter. Wenn auch Barny momentan noch keinen Kontakt zu Fino suchte, er gab ihm doch eine gewisse Sicherheit, davon war ich überzeugt. Immer wieder wieherte Barny. Er rief nach seiner Mutter. Glücklicherweise reagierte er jedoch nicht panisch. Im Gegenteil, er war ruhig und wirkte cool und gelassen. Aber das stimmte nicht. Er war in sich gekehrt. Er musste diese Situation mit sich selbst ausmachen. Gerne wäre ich bei ihm geblieben, um ihm in den ersten Minuten seines neuen Lebensabschnitts beizustehen. Doch das ging nicht. Luana brauchte mich im Moment dringender. Sie reagierte mit ihren

Panikausbrüchen wesentlich extremer als Barny. Und ich war ihre Bezugsperson. Mir vertraute sie. Wenn sie jemand beruhigen konnte, dann war ich es.

Bettina und ich tauschten die Positionen. Sie ging in den anderen Stall und schaute nach Barny, während ich bei Luana blieb. Luanas Augen waren weit aufgerissen. Am ganzen Körper tropfte ihr der Schweiß hinunter. Sie steigerte sich immer weiter in den Trennungsschmerz hinein. – Es knallte wieder. Ihre Hufe hatten erneut die Wand getroffen. Sie rannte geistesabwesend im Kreis.

Kurz überlegte ich, ob ich es wagen konnte, die Box zu betreten. Dann tat ich es. Ich stand ruhig in der Mitte der Box und legte meine Hand auf die panische Stute. Diese nahm mich kaum wahr. Sie rannte nach wie vor aufgewühlt hin und her. Ich sprach mit ihr. Meine Stimme klang sanft und friedlich. Die Finger meiner Hand glitten über Luanas Fell. Ich bewegte mich kaum. Lediglich versuchte ich, den Kontakt zu Luanas Körper zu halten. Sie sollte mich spüren. Sie sollte merken, dass ich bei ihr war.

Es funktionierte. Luana begann, mich zu realisieren. Mehrmals kam sie zu mir. Sie stellte sich frontal vor mich und ließ den Kopf fallen. Dieses Verhalten zeigte sie immer dann, wenn sie meine Nähe suchte, vor allem, wenn es ihr nicht gut ging. Sie forderte mich damit auf, ihr die Stirn zu streicheln. Das mochte sie am liebsten, und es gab ihr Vertrauen. Diese Augenblicke der Ruhe hielten nur Sekunden an. Dann verfiel sie zurück in ihr altes, panisches Muster. Trotzdem war es gut, dass ich da war, dass sie mich spürte und endlich begann, mich wahrzunehmen.

Die Momente, in denen Luana die Nähe zu mir suchte, wurden häufiger, und die Dauer, in der sie die Ruhe aushalten konnte, wurde länger. Demzufolge sank bei Luana der Adrenalinspiegel im Blut, und somit konnte endlich das Sedierungsmittel greifen.

Das panische Verhalten ließ langsam nach. Luana hatte aufgegeben. Ihr schweißnasses Fell trocknete ab. Etliche Male wieherte sie herzzerreißend. Ansonsten war sie ruhig. Die Tobsuchtsanfälle in der Box waren überstanden. Ihr Gesichtsausdruck änderte sich. Die panische Angst, welche ihre aufgerissenen Augen widergespiegelt hatten, war verflogen. Stattdessen wurde ihr Blick trüb und leer. Ich kannte mein Pferd, seit es selbst ein Fohlen war, aber mit so einem Blick hatte mich Luana noch nie zuvor angesehen. Überhaupt hatte mich noch nie irgendein Pferd so traurig angesehen. Jetzt hatte Luana begriffen, ihr Barny würde nicht wiederkommen.

Es tat sehr weh, Luana so zu sehen. Wir Menschen sind doch ganz und gar egoistisch! Nur weil wir ein Fohlen wollen, quält sich eine Stute erst während der schmerzhaften Geburt, und dann, nachdem diese Strapazen überstanden sind und sie ihr Fohlen über alles liebt, nehmen wir es ihr wieder weg. Die Stute hat keine Wahl. Es ist ihr Schicksal, dass wir Menschen über sie bestimmen. Die Zeit, welche ich im letzten halben Jahr mit Barny erleben durfte, war unendlich schön gewesen. Trotzdem schwor ich mir in diesem Moment, ich wollte nie wieder ein Fohlen haben. Luanas Panikausbruch war nicht schön gewesen. Aber das, was ich mein Leben lang niemals vergessen werde, das sind ihre traurigen Augen.

Während ich bei Luana in der Box stand, hatten sich Barny und Fino zwischenzeitlich mit ihrer Situation abgefunden. Sie wieherten nach wie vor immer mal wieder, wirkten aber ansonsten sehr gefasst. Sie orientierten sich stark aneinander. Die zwei kleinen Fohlen wirkten in dem großen Stall ziemlich verloren. Sie bewegten sich stets gemeinsam von einer Seite zur anderen. Die Zweisamkeit gab ihnen etwas Sicherheit.

Fino versuchte ab und zu, Kontakt mit Barny aufzunehmen. Dieser hatte allerdings kein großes Interesse daran. Er akzeptierte Fino und

schätzte seine Anwesenheit, aber alles andere war Barny noch zu früh. Er musste mit der
neuen Situation erst einmal selbst fertig werden.
Dieses Verhalten zeigte mal wieder, wie sensibel Barny war. Das gemeinsame Schicksal führte
aber dennoch die Leidensgenossen langsam zusammen, so wie es Paulas Plan und Hoffnung
gewesen war.

Barny und Fino hatten Zeit gehabt, miteinander Bekanntschaft zu machen. Nun kam der Moment, an dem die Gruppe vervollständigt werden sollte. Für die zwei anderen Fohlen hieß es
nun auch, von ihren Müttern Abschied zu nehmen. Während ich noch immer bei Luana stand,
um ihr seelischen Beistand zu leisten, führten
Paula und ihr Mann die beiden anderen Stuten
mit den Fohlen auf ihrem letzten gemeinsamen
Weg an unserer Box vorbei. Luana hörte das ga-
zellenhafte Fohlengetrappel auf der Stallgasse
und wurde schlagartig wieder hektisch. War ihr
Barny auch dabei? Hoffnungsvoll rief sie nach
ihm. Aber Luana bekam keine Antwort. Ihr kläg-
liches Schreien verstummte nach einer Weile, als
sie feststellte, umsonst Hoffnung geschöpft zu
haben. Luana ließ den Kopf fallen, und ihre Augen wurden wieder trüb.

Es dauerte nicht lange, da kamen die zwei
Stuten zurück, alleine, ohne ihre Fohlen. Eine
der beiden rief aufgeregt nach ihrem Kind, die

andere hingegen schien zufrieden. Diese Stute störte sich überhaupt nicht daran, dass man ihr den Nachwuchs weggenommen hatte.

So herzlos war Luana nicht. Sie litt heftig unter der Trennung. Und trotz Sedierungsmittel kämpfte sie, um mit ihrem Schicksal fertig zu werden. Gerne wäre ich nun in Barnys Stall gewesen und hätte das erste Zusammentreffen der vier Fohlen beobachtet. Aber ich entschied mich dennoch dafür, zunächst einmal bei Luana zu bleiben. Paula war ja vor Ort. Sie hatte Erfahrung mit solchen Situationen und wusste die Lage richtig einzuschätzen.

Barny und Fino wurden kurzzeitig auf den dazu gehörigen Paddock gesperrt. Die anderen, frisch von ihren Müttern getrennten Fohlen bekamen nun im großen, neuen Stall auch ein paar Minuten für sich, ehe die Vergesellschaftung der Gruppe anstand. Die beiden Fohlen Frederik und Traumtänzerin, mit dressurlicher Abstammung wie Fino, waren gemeinsam hier im Stall aufgewachsen. Sie waren bereits Freunde und gaben sich dadurch sehr viel Sicherheit in der neuen Situation.

Schon bald kehrte Ruhe ein. Infolgedessen öffnete Paula bereits nach kurzer Zeit das Absperrband und ließ Barny und Fino wieder in den inneren Stall. Alles verlief erstaunlich gut. Es gab kein aggressives Verhalten oder sonstige

Auseinandersetzungen. Keines der vier Fohlen war aufmüpfig oder verhielt sich störend. Jeder war mit sich selbst beschäftigt und versuchte, die schwerwiegenden Ereignisse zu verarbeiten. Gleichzeitig bestand großes Interesse daran, die neuen Spielkameraden kennenzulernen. Nur Barny verhielt sich nach wie vor etwas reserviert. Die anderen jedoch tauschten schon erste Sympathien aus. Immer wieder, wenn ein Fohlen einem anderen zu aufdringlich wurde, knallte es. Niemals bösartig. Aber die Kleinen wussten bereits, ihre Hinterhufe gezielt und unmissverständlich als Abwehr einzusetzen.

Vor allem Fino versuchte, mit Frederik und Traumtänzerin in Kontakt zu treten. Denn von Barny war er diesbezüglich immer wieder in die Schranken verwiesen worden. Die drei anderen Fohlen zupften gelegentlich schon gemeinsam am Heu. Zwischendurch kabbelten sie sich mal wieder. Nur Barny sonderte sich etwas von der Gruppe ab, hatte aber keinerlei Angst vor den anderen. Wenn er an das Heu wollte, so ging er auf direktem Wege in die Gruppe hinein und nahm sich so viel er mochte. Dann zog er sich wieder zurück. Nach wie vor war er lieber alleine. Er wollte für sich die Lage überprüfen und kontrollieren.

Eine einjährige Stute namens Frieda kam als letztes Mitglied in die Gruppe. Aber auch sie brachte keine Unruhe in die frisch gebildete Fohlengruppe. Alle tolerierten die neue große Schwester als klare Chefin der Herde. Sie wichen ihr aus, sobald sie in ihre Nähe kam. Glücklicherweise blieb auch jetzt eine ernsthafte Reiberei aus.

Nun war die Gruppe komplett. Alles war gut gegangen. Kein Fohlen hatte sich verletzt und keines wurde ausgeschlossen. Die Abseitsposition von meinem Barny war von ihm selbst gewollt. Die anderen akzeptierten ihn, das war entscheidend. So war es lediglich eine Frage der Zeit, bis auch er engeren Kontakt zu den Kameraden suchte. Die Fohlen liefen noch etwas orientierungslos im Stall umher, ansonsten war es ruhig und friedlich.

Luana hatte sich infolge des Beruhigungsmittels mit ihrem Schicksal abgefunden. Ihr Fell war abgetrocknet. Sie knabberte, wenn auch lustlos, an ihrem Heu. Nun traute ich mich, Luana alleine zu lassen. Ich verließ die Box und machte mich auf den Weg zu den Fohlen und zu Bettina. Sie stand die ganze Zeit über im unteren Stall und hatte alles beobachtet, was geschehen war. Sie hatte Fotos gemacht und kurze Videosequenzen aufgenommen, alles für mich, damit ich doch etwas teilhaben konnte an Barnys ersten eigenständigen Schritten.

Mittlerweile war Klemens auf dem Hof angekommen. Ich erzählte ihm detailliert, was bislang im Stall passiert war. Dann wechselten wir
von Zeit zu Zeit die Positionen zwischen Luanas
Box und Barnys Fohlenstall. Wir versuchten,
beiden Pferden gleichermaßen mit unserer Betreuung gerecht zu werden, wenngleich auch
Luana unsere Anwesenheit mehr brauchte und
schätzte als Barny. Der Kleine wollte von mir genauso wenig wissen wie von seinen neuen Spielgefährten. Nicht einmal seine geliebten Karotten
interessierten ihn. Ich hatte das Gefühl, Barny
nahm mich überhaupt nicht wahr, und wenn er
es tat, dann ignorierte er mich.

Der einzige von uns allen, der an diesem Tag
wirklich Spaß hatte, war Charlie. Er verstand
den Grund für die ganze Aufregung und die
Traurigkeit nicht. Der alte Hund genoss es sichtlich, in fremder Umgebung durch den Stall strei-
fen zu dürfen, wo es für ihn so viel Neues zu
erkunden gab. Es war schön zu sehen, wie gut es
ihm ging und wie viel Freude er noch am Leben
hatte.

19.

Es dämmerte. Die Dunkelheit brachte Ruhe in den Stall. Allein gelegentliches kurzes Wiehern unterbrach die Stille. Ansonsten kehrte Friede ein. Wir stiegen ins Auto und fuhren in den Nachbarort. Hier hatte ich für Bettina und mich ein Zimmer reserviert. Für die Übernachtung hatte ich einen einfachen Gasthof gewählt. Er lag direkt im Ortskern an der Hauptstraße. Wir mussten nicht lange suchen. Bereits am Mittag hatten wir das Gebäude bei der Durchfahrt in Richtung Stall entdeckt.

Als wir mit dem Wagen auf den Parkplatz einbogen, staunten wir nicht schlecht. Kein einziges Auto stand auf der riesigen Parkfläche. Alles war stockfinster. Nirgendwo brannte ein Licht, weder im Gasthof noch im großzügigen Anbau mit Fremdenzimmern und Festsaal. Vom Parkplatz aus führten drei Türen in das Gebäude, alle verschlossen. Wir sahen uns verständnislos an. Die Adresse stimmte. Auch der Name des Gasthofs stand unübersehbar in großen Lettern an der Hauswand. Es war Samstagabend, 19 Uhr, eine Zeit, in der ein gutbürgerlicher Gasthof normalerweise voll besetzt ist. Sowieso auf dem Land, wo Kneipen und Bars eine Seltenheit sind. Hier nutzen doch in der Regel die Dorfbewohner ihre ortsansässigen Lokale als Treffpunkt zu einem Feierabendbier.

Ich war skeptisch, ob meine Reservierung ordnungsgemäß aufgenommen worden war. Ich zog mein Smartphone aus der Jackentasche und suchte nach der Telefonnummer. Dann wählte ich. Das Freizeichen ertönte. Geduldig wartete ich, dass irgendeine Person mein Gespräch entgegennahm. Doch es passierte nichts. Nicht einmal die freundliche Stimme eines automatischen Anrufbeantworters meldete sich. Verunsichert legte ich auf.

Auf der gegenüberliegenden Straßenseite entdeckte Klemens in einem Hof zwei Männer. Er lief zu ihnen. Vielleicht konnten sie, als Nachbarn, die merkwürdige Situation aufklären. Während Klemens sich mit den Männern unterhielt, versuchte ich noch einmal mein Glück am Telefon. Wieder vergebens.

Klemens kam zurück. Er grinste. Nach Meinung der Nachbarn war es normal, dass der Gasthof am Samstagabend geschlossen hatte. Seltsam. Ich verstand nichts von wirtschaftlichem Management, aber dass das Wochenende für Lokale eine lukrative Einnahmequelle darstellt und sich somit der Ruhetag am Samstag als unwirtschaftlich erweist, so viel war auch mir klar.

Nach Aussage der Männer gab es eine Art Briefkasten, in dem sich eine Nachtklingel befand. Nachtklingel?! Es war 19 Uhr am Samstagabend. Ja, wir waren auf dem Land, fernab von einer Großstadt. Aber auch hier ging wohl keiner vor den 20 Uhr-Nachrichten ins Bett, dachte ich zumindest, schon gar nicht an einem der letzten warmen Herbsttage.

Ich fühlte mich ein bisschen als Ruhestörer, als ich auf die Nachtklingel drückte. Vielleicht hätten wir am Nachmittag einmal kurz in die Pension fahren und den Zimmerschlüssel abholen sollen. Aber diesen Gedanken schob ich gleich beiseite. Wir hatten 19 Uhr. Das war keine unchristliche Zeit, um bei fremden Leuten zu klingeln. Außerdem waren wir angemeldet und zahlende Kundschaft.

Auf das Klingeln der Nachtglocke kam keine Reaktion. Wir versuchten es erneut. Nichts. Wir waren verdutzt. Die beiden Männer, mit denen Klemens gesprochen hatte, kamen zu uns herüber. Sie waren nett und hilfsbereit. Sie hatten gesehen, dass wir immer noch ratlos auf dem Parkplatz standen. Als Nachbarn kannten sie die Wirtsleute recht gut. Sie zeigten uns im Privatbereich ein kleines Fenster ganz oben unter dem Dach, in dem Licht brannte. Es musste also jemand zu Hause sein. Einer der beiden Männer rief von seinem Handy aus auf der privaten

Nummer des Wirts an. Vergebens. Auch hier ging keiner ans Telefon. Er wählte erneut. Diesmal die Nummer der Dame des Hauses. Immerhin sind Frauen, was die Zuverlässigkeit ihrer telefonischen Erreichbarkeit betrifft, den Männern weitaus überlegen. Aber auch hier meldete sich niemand.

Schließlich ging der zweite Mann um das Haus herum und durch ein geschlossenes Hoftor zum Privateingang. Dort klingelte er. Dann rief er laut den Vornamen des Wirts. Anschließend klingelte er erneut, diesmal aber penetrant lang. Endlich! Ein Dachfenster öffnete sich. Eine ärgerliche Stimme ertönte von oben. Es war der Wirt. Der Mann an der Haustüre konfrontierte ihn gleich mit der unangenehmen Tatsache, dass dieser seine Gäste hilflos vor verschlossener Türe stehen ließe. Im ersten Moment schenkte der Wirt den Worten des Nachbars keinen Glauben. Nun war klar, sie hatten die Reservierung tatsächlich vergessen.

Aber seine Frau war bereits auf dem Weg nach unten. Sie öffnete uns die Türe und entschuldigte sich vielmals. Dann führte sie uns durch die gemütliche Gaststube und den geräumigen Festsaal zum Aufzug. Sie erklärte uns, sie seien auf Wochenendveranstaltungen spezialisiert, deswegen sei samstagsabends das Lokal geschlossen. Ausnahmsweise war an diesem Tag der

Festsaal nicht belegt. Überwiegend wurden die Gästezimmer außerhalb der Ferienzeit nur unter der Woche und meist von Monteuren belegt. Daher hatten sie sich auf einen ruhigen Abend eingestellt. Die Wirtin war sehr freundlich. Sie gab uns nicht das Gefühl, ihr eines ihrer kostbaren freien Wochenenden geraubt zu haben, auch wenn man das nach ihrer Erzählung vielleicht hätte vermuten können. Im Gegenteil, ihre liebenswürdige Art ließ uns die anfängliche Aufregung schnell vergessen.

Sie fuhr mit uns in das erste Obergeschoss. Hier befanden sich die komplett neu ausgestatteten Fremdenzimmer. Wir waren die einzigen Gäste und bekamen ein schönes, großes Zimmer zugewiesen. Es war sehr sauber, und auf jedem Kopfkissen befand sich ein kleines Täfelchen Schokolade als liebevoll drapiertes Betthupferl. Das dazugehörige Badezimmer war klein, aber absolut ausreichend. Die freundliche Dame besprach mit uns noch ein paar Details zum Frühstück, dann ließ sie uns allein. Nach dem miserablen Start hatten wir mit so viel Positivem nicht mehr gerechnet. Dennoch, es hatte uns viel Zeit gekostet.

Wir waren noch mit Paula zum Essen verabredet. Es blieb uns nicht mehr viel Zeit. Bettina und ich wechselten unsere Stallklamotten in ausgehfähige Hosen mit passenden Pullovern.

Klemens wartete geduldig, bis wir unser Styling beendet hatten. Aus seiner Sicht war das Ganze wohl übertrieben. Wir waren auf dem Land und gingen lediglich etwas essen. Aber er sagte nichts.

Kurze Zeit später saßen wir im Auto und fuhren erneut zum Stall. Dort angekommen war alles ruhig, kein Geschrei von Stuten oder Fohlen zu hören. Daher beschlossen wir, die Stallungen nicht mehr zu betreten, um keine erneute Unruhe hinein zu bringen.

Wir klingelten an der Haustüre. Paula war fertig gerichtet. Sie leitete uns ein paar Ortschaften weiter zu einer Panorama-Waldgaststätte. Allerdings war es bereits dunkel, und von dem fantastischen Ausblick war nichts mehr zu sehen. Aber darum ging es uns gar nicht. Wir wollten einfach nach diesem aufregenden Tag noch einmal gemütlich zusammensitzen und gemeinsam einen schönen Abend verbringen. Und das wurde er auch. Das Essen war gut, und daneben blieb genügend Zeit für interessante Gespräche.

Nach dem nervenaufreibenden Tag waren wir alle müde und geschafft. Keiner von uns hatte das Bedürfnis, bis um Mitternacht oder gar bis in die frühen Morgenstunden hier sitzen zu bleiben. So zahlten wir bald und machten uns zufrieden auf den Heimweg.

Klemens verabschiedete sich. Er fuhr nach Hause. Anfangs hatte er noch mit dem Gedanken gespielt, sich ebenfalls bei uns im Gasthof einzuquartieren. Aber das wäre natürlich blödsinnig gewesen. Es war nicht allzu weit bis Stuttgart, da brauchte er kein Geld für die Übernachtung auszugeben.

Auf dem Rückweg brachten wir Paula wieder nach Hause. Beim letzten Rundgang des Tages begleiteten wir sie noch einmal. Alles war okay. Sowohl die frisch abgesetzten Fohlen als auch die Mutterstuten einschließlich Luana waren ruhig. Die Pferde standen im Dunkeln und kauten mehr oder weniger zufrieden an ihrem Heu. Beruhigt stellten wir fest, dass sie sich offenbar alle mit ihrer Situation abgefunden hatten.

Für Ende Oktober war es ungewöhnlich warm in diesen späten Abendstunden. Wir nutzten die milden Temperaturen für einen letzten Abendspaziergang mit Charlie. Dann fuhren wir zum Gasthof. Charlie war der erste, der tief und fest schlief. Bettina und ich unterhielten uns noch eine Weile, dann schalteten wir das Licht aus.

Am nächsten Morgen erwachten wir erst, als das Wecksignal ertönte. Wir hatten wunderbar geschlafen und fühlten uns erholt. Noch vor dem Frühstück machte ich mit Charlie einem kleinen Spaziergang. Über Nacht waren Wolken

aufgezogen. Doch der anfängliche leichte Nie-
selregen störte uns nicht. Bald klarte der Himmel wieder auf. Es versprach, noch einmal ein
herrlicher Tag zu werden.

Das Dorf war so klein, dass man vom Gasthof aus in allen Richtungen gleich freies Feld
erreichen konnte. Die Gegend hier war traumhaft schön. Die weiten, hügeligen Flächen bildeten ein harmonisches Landschaftsbild. Es war
nicht so eintönig flach wie oben im Norden von
Deutschland, andererseits auch nicht so steil
und bergig wie in unserem heimischen Schwarz-
wald. Ein bisschen beneidete ich Barny um seine
schöne, neue Heimat.

Wieder zurück in der Pension strotzte ich nur
so vor Energie. Die Bewegung an der frischen
Luft am frühen Morgen hatte mir gutgetan. Wir
gingen zum Frühstück.

Genauso wie ich es nach dem Kennenlernen
der Wirtin vermutet hatte, war das Frühstück
liebevoll hergerichtet. Es gab alles, was man
sich nur wünschen konnte. Ich liebe es, in Ruhe
und ausgiebig zu frühstücken. Aber meine Beine zappelten. Ich wurde ungeduldig. Ich wollte
unbedingt nach Luana und Barny sehen. Paula
war so lieb gewesen und hatte mir gleich nach
dem Aufstehen eine beruhigende Nachricht auf
mein Handy geschickt. Alles war okay. Kein
Pferd hatte randaliert, und alle standen gesund

in ihren Boxen. Trotzdem, ich wollte möglichst bald in den Stall fahren, um mich selbst von der Lage zu überzeugen.

Bettina und ich packten unsere wenigen Sachen rasch zusammen. Wir hinterließen noch ein paar nette Worte im Gästebuch, dann brachen wir auf. Im Stall fanden wir alles genauso vor, wie es Paula geschildert hatte. Alle Pferde waren ruhig. Lediglich Luanas Fell war mit Schweiß verklebt. In der Nacht hatte sie sich scheinbar noch einmal in den Trennungsschmerz hineingesteigert. Doch ihr Fell war schon wieder abgetrocknet. Sie hatte ihr Kraftfutter gefressen und stand ruhig in ihrer Box. Allerdings war ihr Blick noch genauso traurig wie am Abend zuvor.

Innerhalb von wenigen Stunden war Luana körperlich zusammengefallen. Ich hatte das Gefühl, Luana brächte nur noch die Hälfte an Gewicht auf die Waage. Vorsichtig zog ich die Boxentüre auf und ging langsam zu ihr hinein. Luana kam auf mich zu. Sie schaute mich hilfesuchend an. – Sie tat mir so leid. Mit meiner Hand streichelte ich ihr einfühlsam die Stirn. Dann kontrollierte ich ihr Euter. Es war heiß und prall. Die Milchproduktion lief nach wie vor uneingeschränkt weiter. Erst in einigen Tagen wird sich der Körper auf die neue Situation einstellen und die Produktion der Milch beenden.

Das übervolle Euter bereitete Luana zusätzliche Schmerzen. Vorsichtig begann ich, mit der Hand Milch abzumelken, möglichst wenig, um dem Körper nicht das Gefühl zu geben, er müsse weiterhin die Produktion aufrechterhalten, zumindest aber so viel, um Luana die Schmerzen zu lindern. Dann schmierte ich das Euter mit Quark ein. Dieser kühlte und wirkte gleichzeitig entzündungshemmend. Es ist keine Seltenheit, dass eine Stute nach dem Absetzen des Fohlens eine Euterentzündung bekommt.

Nun wollte ich aber nach Barny sehen. Wir gingen zum Fohlenstall. Dem Kleinen ging es gut. Er hatte sich in die Gruppe integriert. Inzwischen isolierte er sich nicht mehr, sondern stand inmitten der anderen und machte einen zufriedenen Eindruck. Er reagierte auch wieder auf seinen Namen und freute sich über die Karotten, die ich ihm als Abschiedsgeschenk mitgebracht hatte. Genauso wie ich es vorhergesagt hatte, steckte Barny die Trennung leichter weg als seine Mutter.

Die Trauer bei Luana war natürlich noch groß. Aber glücklicherweise hatte sich ihr Tobsuchtsanfall nicht wiederholt. Am Tag zuvor hatte ich besorgt an die Heimreise gedacht. Denn mit einem randalierenden Pferd im Hänger könnte die Fahrt nicht nur sehr anstrengend, sondern auch gefährlich werden.

Das apathische Verhalten von Luana und ihre tieftraurigen Augen gingen mir sehr zu Herzen. Ich wollte ihr etwas Gutes tun und sie ein wenig ablenken. So beschloss ich, vor der langen Rückfahrt mit ihr noch eine kleine Runde spazieren zu gehen. Doch das war eine Fehlentscheidung. So gut ich es gemeint hatte, ich erreichte damit komplett das Gegenteil. Kaum hatten wir das Stallgebäude verlassen, war Luana nicht wiederzuerkennen. In dem Moment, als sie den Fohlenstall erblickte, erinnerte sie sich an den letzten gemeinsamen Weg mit Barny und sah nun eine Chance, ihn wiederzufinden. Sie wurde nervös, tänzelte und zog zielstrebig dorthin, wo sie ihn vermutete. Sie begann erneut, laut und unaufhörlich zu schreien. Barny hingegen blieb ruhig. Er war schon so in seiner neuen Welt angekommen, dass er nicht einmal mehr seiner Mutter antwortete.

Wir nahmen den Weg hinaus ins freie Feld, weg von Barny, weg von den anderen Fohlen. Luanas ganzer Körper bebte, sie begann abermals zu schwitzen. Eilig hastete sie den Feldweg entlang. Ich hatte Mühe, sie unter Kontrolle zu halten. Trotz der derzeitigen Ausnahmesituation durfte sie weder die Richtung noch die Geschwindigkeit selbst bestimmen. Auch wegen Charlie mussten wir langsam gehen, denn er war etwas müde von dem anstrengenden Tag gestern. Dieses Tempo, welches Luana in ihrer Nervosität vorlegte, konnte der alte Hund nicht mithalten. Nach kurzer Zeit taten mir meine Arme weh. Das ständige Zurückhalten der gehfreudigen Luana kostete enorm viel Kraft. Und mein Trommelfell, welches aus unmittelbarer Nähe die immer wiederkehrenden, lautstarken Schreie Luanas aushalten musste, schien schier zu platzen.

Wir drehten um. Die gut gemeinte Abwechslung brachte nur erneute Aufregung für die trauernde Stute. Ich war froh, als Luana wieder wohlbehalten in ihrer Box stand. So konnten wir den Heimweg nicht antreten. Luana musste erst wieder zur Ruhe kommen. Nur ungern würde ich ihr für die Rückfahrt ein Beruhigungsmittel verabreichen. Dieses nimmt den Pferden aber ein gewisses Maß ihres Gleichgewichts. Und die Balance ist während der wackeligen Fahrt im Anhänger ausgesprochen wichtig.

Ich nutzte die Zeit, die Luana für sich brauchte, um mich nochmals ausgiebig mit Barny zu beschäftigen. Die Trennung von ihm fiel mir schwer. Doch ich wusste, Barny war bei Paula in besten Händen, und neben der ausgezeichneten Betreuung hatte er einen wunderschönen Stall und liebe Freunde, mit denen er nach Herzenslust toben konnte. In etwa vier Wochen wollte ich Barny wieder besuchen. Doch jetzt hieß es erst einmal Abschied zu nehmen. Noch einmal kraulte ich seine Lausbubenmähne, dann verließ ich den Stall. Inzwischen hatte sich Luana wieder gefangen. Somit konnten wir aufbrechen. Wir sagten Paula auf Wiedersehen. Dann holten wir Luana aus der Box und verluden sie in den Pferdeanhänger. Luana sollte keine Möglichkeit bekommen, sich nochmals aufzuregen. Daher fuhren wir schnurstracks vom Hof.

Die ersten Kilometer fielen mir schwer. Der Trennungsschmerz, den Luana gestern erleiden musste, hatte nun mich ergriffen. Nun war ich es, die Abschied nehmen musste von dem kleinen Sonnenschein Inspector Barnaby, der mir so viel Freude bereitet hatte.

Im letzten halben Jahr hatte es Barny selbst nach einem für mich anstrengenden Tag immer wieder geschafft, mir ein Lächeln ins Gesicht zu zaubern. Von nun an war er weit weg von mir. Ich musste seine Fürsorge in fremde Hände legen und hatte ab sofort keinen Einfluss mehr auf sein Wohlergehen. Ich konnte nur noch vertrauen, vertrauen darauf, dass sich andere genauso bemühten, Barny eine fabelhafte Zukunft zu ermöglichen. Und dass sie versuchten, alle Gefahren von ihm fernzuhalten. Paula vertraute ich voll und ganz und freute mich nun darauf, Barny schon bald besuchen zu können.

Die Heimfahrt verlief ohne Probleme. Luana stand ruhig im Anhänger, und die Straßen waren frei. Auch die katastrophalen Straßensperrungen, welche uns bei der Hinfahrt fast zur Verzweiflung gebracht hatten, betrafen uns in der entgegengesetzten Richtung nicht.

Nach dreieinhalb Stunden kamen wir wohlbehalten in Forchheim an. Umgehend erlöste ich Luana aus dem Pferdeanhänger und brachte sie in ihre gewohnte Umgebung. Zu Hause in ihrem alten Stall wurde Luana nochmal etwas hektisch. Sie rannte aufgeregt zwischen Box und Paddock hin und her und wieherte. Wieder suchte sie nach Barny. Sie dachte, er wäre vielleicht da wo er immer war, irgendwo zwischen den anderen Fohlen. Aber er war nicht da, und irgendwann erkannte dies auch Luana.

Lustlos knabberte sie am Heu. Der kurze Moment der Hoffnung war verflogen. Sie hatte aufgegeben, zumindest für den Augenblick. Ich schmierte noch einmal Quark auf ihr Euter. Auch wenn sie mir Leid tat, mehr konnte ich momentan nicht für sie tun. Theo und Astrid waren unterwegs, aber Celine versprach, noch ein paarmal nach Luana zu sehen. Beruhigt fuhr ich nach Hause.

Während der Heimfahrt telefonierte ich mit Paula. Barny ging es gut. Es gab keine Zwischenfälle. Die Fohlen verstanden sich prima. Keines von ihnen wurde von der Gruppe ausgeschlossen und keines bevorzugt. Bei der ersten Kraftfuttergabe standen alle brav in einer Reihe. Es gab keinerlei Rangeleien. Auch Barny stand am Fressgitter, als hätte er nie etwas anderes gekannt.

20.

In der ersten Woche telefonierte ich täglich mit Paula. Sie hatte stets nur Positives zu berichten. Alle Fohlen waren fit und verstanden sich nach wie vor prächtig. Es hatten sich zwei feste Pärchen gebildet, Barny und Fino sowie Frederik und Traumtänzerin. Die Fohlen gaben sich gegenseitig Sicherheit. Sie liefen stets gemeinsam über die Koppel und standen nebeneinander im Stall. Nachts legten sie sich alle miteinander ins warme Stroh. In der Mitte lag Frieda, die große Schwester, die weiterhin von allen als klare Chefin anerkannt und respektiert wurde, und um sie herum im Kreis lagen die jüngeren Fohlen.

Paula erzählte jedesmal, wie beeindruckt sie von der diesjährigen Fohlengruppe war. So unkompliziert lief es nur ganz selten ab. Jedes der Fohlen war gut erzogen und hatte einen ganz eigenen, liebenswerten Charakter. Vom ersten Tag an war es eine sehr harmonische Gemeinschaft.

Das noch immer anhaltende, außergewöhnlich warme und trockene Herbstwetter erleichterte den Fohlen die Umstellung in ihr eigenständiges Leben. Die großflächige Koppel konnte nach wie vor täglich für viele Stunde geöffnet werden. Das war nicht selbstverständlich zu dieser fortgeschrittenen Jahreszeit.

Die Gruppe wuchs von Tag zu Tag enger zusammen. Die Fohlen erlangten ein immer größeres Selbstbewusstsein. Das löste die strikte Pärchenbildung wieder auf. Es war nun eine gemeinschaftliche Herde. Trotzdem war jedes Fohlen so selbstständig, dass es auch mal alleine zu einer anderen Stelle ging, an der ihm vielleicht das Gras besser schmeckte.

Auch seinen Artgenossen gegenüber bewies Barny erneut seine Intelligenz. Er bemerkte immer schon frühzeitig, wenn es zurück in den zeitweise abgesperrten Stall ging. Dann stellte er sich neben das noch verschlossene Ausgangstor und kam so als Erster hinein. Dadurch konnte er auch als Erster aus der von allen geliebten Balltränke trinken. Alle anderen standen hinter ihm in der Warteschlange und mussten sich gedulden, bis er fertig war.

Auch wenn Paula nichts Aufregendes zu erzählen hatte, hörte ich stets voll Spannung zu und amüsierte mich über jede Geschichte von meinem Barny. Neben unseren zahlreichen Telefongesprächen schickte mir Paula regelmäßig Fotos von meinem Kleinen und seinen neuen Freunden. Mal im Stall beim Fressen, mal auf der Koppel unter strahlend blauem Himmel.

Und jedesmal sah Barny glücklich aus. Das freute mich ungemein. Es zeigte mir, ich hatte die richtige Entscheidung getroffen.

Luana ging es auch langsam besser. Sie wurde von Tag zu Tag zufriedener. Ihre Augen hatten wieder Leben und sie zeigte vermehrt Freude an der Arbeit. Es gab immer noch Situationen, bei denen sie sich an Barny erinnerte und erneut unruhig wurde. Vor allem dann, wenn sie die anderen Fohlen außerhalb der Box sah oder hörte. Stets wollte sie wissen, wo sich diese aufhielten, was sie taten und wie es ihnen ginge. Es hatte den Anschein, dass sie ihre immer noch vorhandenen Muttergefühle ersatzweise auf die fremden Pferdekinder übertrug.

Luanas Euter sah gesund aus. Es entwickelte sich zum Glück keine Entzündung. Mit dem Rückgang der Milchproduktion sank der Hormonspiegel im Blut und somit ließ auch der Mutterinstinkt nach. Zwei Wochen später war alles überstanden. Luana war wieder die Alte und zeigte Temperament und Lebensfreude auf der Koppel und bei der Arbeit.

Dreieinhalb Wochen waren vergangen, seitdem Barny in seinem neuen Zuhause eingezogen war. Immer noch stand ich in engem Kontakt mit Paula. Weiterhin gab es nur Positives zu berichten. Es war nach wie vor schön, mit Paula zu telefonieren und von Barny zu hören. Noch mehr freute ich mich aber auf das bevorstehende erste Wiedersehen mit ihm.

21.

Es war Mittwoch. In Stuttgart begannen die German Masters, ein jährlich wiederkehrendes, internationales Reitturnier. Traditionell gingen zum Auftakt die Vielseitigkeitsreiter an den Start. Das große Indoor Derby war eine beliebte Prüfung, sowohl bei den Reitern als auch bei den Zuschauern.

Die Abendveranstaltung war seit Wochen ausverkauft. Wir hatten uns rechtzeitig Tickets gesichert. Am Arbeitsplatz hatte ich mir zwei Tage Urlaub genommen. Ich wollte das Reitturnier mit einem Besuch bei Barny verbinden. Am Mittwoch die German Masters und am Donnerstag zu Barny, so war mein Plan. Der Ausflug nach Stuttgart wurde organisiert vom Ihringer Reitverein. Ich musste jedoch mit meinem eigenen Auto fahren, da ich die Einzige war, die über Nacht blieb.

Um den Kurzurlaub vollständig auszunutzen, plante ich, frühzeitig loszufahren. Charlie brachte ich zu meinen Eltern. Für ihn wären der ganze Lärm und Trubel beim Hallenreitturnier mit zu viel Stress verbunden gewesen.

Ich war gut in meinem Zeitplan. Während ich mich noch einige Minuten bei meinen Eltern aufhielt, klingelte es an der Tür. Ein Handwerker, der gerade in der Nachbarschaft tätig war, erkundigte sich nach dem Besitzer des vor dem Haus abgestellten PKWs. Es war mein Auto. Ich war überrascht und sah den Mann fragend an. Er erklärte mir, er habe gerade durch Zufall festgestellt, dass mein Wagen einen platten Hinterreifen habe. Mich traf der Schlag! Das durfte nicht wahr sein. In fünfzehn Minuten wollte ich mich auf den Weg machen. Seit Wochen freute ich mich auf dieses Event. Die Karten waren bezahlt, und alles bis ins Detail durchgeplant. Und natürlich wollte ich auch endlich Barny wiedersehen!

Aber ich hatte Glück im Unglück! Beim genauen Betrachten stellten wir fest, dass sich ein Nagel eingefahren hatte. Der Reifen konnte repariert werden. Ich telefonierte mit der nächstgelegenen Autowerkstatt. Man versicherte mir, ich könne das kurze Stück langsam und vorsichtig dorthin fahren. Mit ungutem Gefühl machte ich mich unverzüglich auf den Weg. In dem KFZ-Betrieb ließ der freundliche Automechaniker seine angefangene Arbeit liegen und kümmerte sich sofort um mein Problem. Nach zwanzig Minuten besaß mein Wagen wieder vier prall gefüllte Reifen, und ich konnte mich doch noch einigermaßen pünktlich auf den Weg in Richtung Stuttgart machen.

Gott sei Dank verlief dieser Zwischenfall so glimpflich. Glücklicherweise hatte der fremde Handwerker meinen Platten bemerkt, und der Reifen konnte schnell und kostengünstig repariert werden. Wer weiß, was passiert wäre, wenn ich nichts ahnend auf die Autobahn gefahren wäre.

Am frühen Nachmittag kam ich wohlbehalten und ohne weitere Aufregung in Stuttgart an der Hans-Martin-Schleyer-Halle an. Es war noch früh, und der Höhepunkt des Tages begann erst in einigen Stunden. Der Parkplatz war jedoch schon verblüffend stark gefüllt. Die Parkeinweiser begannen bereits, die Autos auf den benachbarten Cannstatter Wasen umzuleiten. Mit Glück ergatterte ich aber eine Parklücke auf dem Hauptplatz. Es waren nur noch wenige Schritte zum Eingang. Man konnte schon das Flair des großen Reitturniers riechen. Für mich war es ein Genuss. Ich liebte dieses Ambiente.

In der Halle lag Spannung in der Luft, sowohl bei den Reitern als auch bei den Zuschauern. Die Wettkämpfe waren bereits in vollem Gange. In den nächsten fünf Tagen sollte hier in vier verschiedenen Pferdesportdisziplinen um Sieg und Platzierung gekämpft werden. Es gab abgeklärte Profis, für die die Teilnahme bei den Stuttgarter German Masters jährliche Routine war, und es gab die Newcomer, die nervös und aufgeregt ihrem ersten Start vor einem großen Publikum entgegenfieberten. Ihnen wünschte man ganz besonders viel Glück. Bei den jungen Wilden, wie die Newcomer umgangssprachlich genannt werden, ging es nicht um Sieg und Preisgeld. Es ging darum, Erfahrung zu sammeln und einen guten Eindruck zu hinterlassen. Ihnen verzieh man auch mal einen kleinen Flüchtigkeitsfehler. Sie sollten erst einmal Fuß fassen im internationalen Reitsport.

Das Hallenturnier bot mehr als nur Sport. Rings um den Turnierplatz reihten sich zahlreiche Informationsstände. Die Sponsoren stellten ihre Produkte oder Dienstleistungen vor, der Pferdezuchtverband machte auf seine erfolgreichen Baden-Württembergische Zuchthengste aufmerksam. Und natürlich gab es jede Menge zu essen.

Im gesamten Bereich traf man häufig auf Weltstars wie Michael Jung, John Whitaker, Pius Schwizer oder Mark Todd. In der Abreithalle konnte man in Wohnzimmeratmosphäre den Stars beim Vorbereiten der Pferde zusehen und ihnen ein paar Tricks abschauen.

Zusätzlich gab es mehrere separate Ausstellungshallen, in denen man nach Lust und Laune einkaufen konnte. Es gab alles, was das Reiterherz höherschlagen lässt. Aus jeder Ecke blitzten die bunten Pferdedecken, Schabracken und

Bandagen sowie Reithosen, Stiefel, Jacken und Winteranoraks für den modebewussten Reiter. Alle Gegenstände waren natürlich farblich passend kombinierbar. Es gab nichts, was es nicht gab. Stundenlang konnte ich mir diese Reitsportartikel ansehen, konnte sagen, was ich gerne kaufen wollte, mit welcher Farbkombination Luana und ich beim nächsten Training oder Turnier gut aussehen würden. Aber ich hielt mich mit dem Kaufen zurück. Meine Priorität lag momentan darin, Barny zu behalten. Also musste ich neben Luana noch ein weiteres Pferd finanzieren und konnte mein Geld nicht für solch unnötige Dinge ausgeben, nur um gut auszusehen.

Nach und nach hatte ich meine Freunde und Bekannten aus der Heimat getroffen. Auch Klemens war bereits da. Wir nahmen unsere Plätze ein. Inzwischen war es 19 Uhr, das Abendprogramm begann. Wir hatten einen perfekten Blick über die ganze Arena. Die Halle war bereits jetzt schon nahezu voll besetzt, obwohl der Höhepunkt des Abends, die Vielseitigkeitsprüfung, erst in knapp drei Stunden begann.

Als Erstes stand das „Jump and Drive" auf dem Programm, eine Spaßprüfung, die jedesmal für gute Stimmung sorgt. Hierbei müssen die Reiter zunächst einen kurzen Springparcours bewältigen. Danach möglichst schnell vom Pferd absteigen und zum bereitgestellten

Auto sprinten, einsteigen und nun mit wesentlich mehr PS einen zweiten Parcours zwischen aufgestellten Straßenpylonen absolvieren. Das Ganze wird selbstverständlich nach Fehler und Zeit gewertet. Der Sieger darf anschließend das Auto, eine neue Mercedes A-Klasse, als Siegprämie mit nach Hause nehmen.

Die Prüfung verlief mitreißend und extrem spannend. Zum Schluss trennten den ersten und den zweiten Platz weniger als eine Sekunde. Der Sieg ging an Alexander Schill vor Michael Jung. Der Hallensprecher und das Publikum waren begeistert über den doppelten Erfolg zweier Reiter aus Baden-Württemberg.

Es folgte eine Gala Show. Sie war wie jedes Jahr abwechslungsreich und mit interessanten Programmpunkten ausgestattet. Es war ein netter Randpunkt, aber viel mehr freute ich mich auf die bevorstehende Vielseitigkeitsprüfung. Den meisten Besuchern ging es ebenso. Wir waren alle wegen der Buschreiter gekommen und fieberten dem ersten Start des Indoor Derbys entgegen.

Endlich war es soweit. Der Parcours für die Vielseitigkeitsprüfung stand aufgebaut in der Mitte der Halle. Der erste Reiter war bereits eingeritten. Er grüßte. Die Strecke wurde freigegeben. Laut ertönte die Musik. Der Reiter startete. Die Zuschauer grölten. In einem hohen

Grundtempo galoppierte das erste Paar über Mauern und Hecken, überwand Baumstämme, durchquerte ein Wasserhindernis, sprang hinauf auf einen Wagen und mit einem großen Satz wieder herunter. Es war ein spannender Parcours, der von etwa zwanzig Reitern absolviert wurde. Immer wieder wurde die Bestzeit unterboten. Jedes Mal dachte man, es ginge nicht mehr schneller, und wieder wurde die Zeit geschlagen. Es war eine Bombenstimmung! Die Halle tobte. Jeder Reiter wurde von der Begeisterung der Zuschauer durch den Parcours getragen.

Mein persönlicher Favorit war mein Vorbild Michi Jung, unter dessen Leitung ich schon etliche Male auf seiner Reitanlagen in Horb trainieren durfte. Er hatte diese Prüfung in den Vorjahren schon mehrmals gewinnen können. Dieses Jahr wurde er mit gerade mal drei hundertstel Sekunden Abstand zum Sieger aus Frankreich nur Zweiter. So knapp war es noch nie, glaube ich. Es war einfach toll gewesen, dieses Spektakel live erleben zu dürfen.

Nach der Siegerehrung war es noch lange nicht vorbei. Die Menge strömte ein Stockwerk tiefer in die Katakomben der Hans-Martin-Schleyer-Halle. Alle die Lust hatten, Reiter wie Zuschauer, trafen sich hier bis spät in die Nacht zur gemeinsamen Aftershow-Party. Buschreiter sind Gesellschaftsmenschen. Sie können feiern, und in der Regel wird die Party nach dem Indoor Derby richtig stimmungsvoll.

Natürlich waren auch wir mittendrin. Wir unterhielten uns mit verschiedenen Leuten. Dann erblickte ich Michi Jung. Sofort steuerte ich auf ihn zu. Noch bevor ich ihm zu seinen zwei zweiten Plätzen gratulieren konnte, sagte er zu mir: „Ein ganz tolles, bildhübsches Fohlen hast du!" Ich war stolz wie Oskar! Mein Barny gefiel Michael Jung, der im Jahr 2012 in London Doppel-Olympiasieger in der Vielseitigkeit geworden war. Ich hatte ihm gelegentlich Bilder von Barny geschickt. Aber ehrlicherweise muss man sagen, alle Fohlen sehen süß aus. Trotzdem freute ich mich sehr über seine Aussage. Wir unterhielten uns einige Zeit über Barny. Dabei sprachen wir auch darüber, dass dieser eventuell in einigen Jahren sein Quartier bei ihm in Horb beziehen könnte. Michi würde ihn dann ausbilden und je nach seinem Talent in der entsprechenden Sparte fördern.

Was für tolle Aussichten! Wie stolz wäre ich, wenn mein Barny von dieser Koryphäe ausgebildet werden könnte. Für Barny gäbe es keine bessere Alternative, weder bezüglich des Trainings noch der Unterbringung. Michael Jung war für eine pferdegerechte Haltung mit viel Auslauf an der frischen Luft bekannt. Bei ihm durfte ein Hochleistungspferd noch Pferd sein. Er betrachtete das Tier als Sportpartner und nicht als Sportgerät!

Nach dieser verheißungsvollen Unterhaltung machten sich Klemens und ich bald auf den Heimweg. Wir hatten es nicht weit bis zu seiner Wohnung. Das kurze Stück hätten wir auch zu Fuß gehen können. Da ich aber keinen Alkohol getrunken hatte, nahmen wir mein Auto. Der erste Tag meines Kurzurlaubs war wunderschön gewesen. Nun freute ich mich riesig, Barny am kommenden Tag wiederzusehen.

Am nächsten Morgen schliefen wir erst einmal aus. Mit einem ausgiebigen Frühstück ließen wir den Tag gemütlich angehen. Paula arbeitete vormittags in einem Büro, und selbstverständlich wollten wir auch ihr kurz „Hallo" sagen. Also fuhren wir erst um die Mittagszeit los. Ich freute mich ungeheuerlich auf meinen Kleinen. Vor knapp vier Wochen hatte ich Barny das letzte Mal gesehen. Ja, Paula hatte mir viele Fotos geschickt, aber es war nochmal etwas ganz anderes, Barny direkt zu erleben und beobachten zu können, wie er sich in der Herde eingelebt hatte.

Bereits als wir die Straße zum Hof hinauffuhren, erblickte ich Barny. Die Fohlen waren alle auf der Koppel. Sie standen dicht beisammen und grasten. Barny stand Kopf an Kopf mit Frederik, dem Fohlen von Paula. Wir stellten das Auto ab und stiegen aus. Es war sonnig, aber es ging ein eisiger Wind. Dieser gab uns deutlich zu spüren, wir hatten November. Die warmen Sonnenstrahlen, die durch das Autofenster zu uns gedrungen waren, hatten uns ein angenehmeres Wetter vermuten lassen. Doch es war richtig ungemütlich. Ich war froh über meine warme Winterjacke. Mit Schal und tief ins Gesicht gezogener Mütze lief ich schnurstracks in Richtung Fohlenkoppel. Mein Herz klopfte. Wie würde Barny auf mich reagieren? Würde er mich wiedererkennen? Freute er sich vielleicht sogar, mich zu sehen?

An der Türe zum Laufstall hing sein Halfter. Aufgeregt riss ich es an mich. Ebenso ergriff ich die mitgebrachte Tüte Karotten. Eilig liefen Klemens und ich auf den großen Paddock. Ein paar Meter vor dem Koppeltor blieben wir stehen. Die Pferde hatten uns noch nicht bemerkt oder zumindest kein Interesse an uns gezeigt. Ich holte tief Luft, steckte die Finger in den Mund und ließ einen schrillen Pfiff ertönen. Barnys Kopf schnellte nach oben. Er kannte diesen Pfiff, und er schien sich zu erinnern. Er blickte in unsere Richtung. Ich rief seinen Namen. Ungläubig schaute er mich an. Er hatte meine Stimme erkannt. Da war ich mir ganz sicher. Er konnte sich an mich erinnern. Mit gespitzten Ohren kam er auf mich zu. Die anderen Pferde folgten ihm. Ich lief Barny entgegen.

Glücklich stellte ich fest, meine Sorge, er könnte mich und unsere schöne gemeinsame Zeit vergessen haben, war unberechtigt gewesen. Er sah gut aus. Er hatte sich ein kleines Bäuchlein angefressen. Sein Fell war lang und dicht geworden. Den warmen Pelz benötigte er auch dringend bei dem rauen Winter auf der Alb.

Barny ließ sich genau so brav wie eh und je sein Halfter anlegen. Willig folgte er mir aus der Koppel. Es war gar nicht so einfach, die anderen Fohlen davon abzuhalten, ihm durch das Tor zu folgen. Aber gemeinsam mit Klemens schaffte ich es, das Tor hinter Barny schnell genug zu schließen, dass keines der anderen hindurch witschen konnte.

Barny ging bereitwillig mit uns in den Stall. Hier waren wir windgeschützt, und er konnte seine Kameraden sehen. Es war das erste Mal, dass Barny so weit von seiner Herde getrennt war. Zwar holte Paula regelmäßig jedes Fohlen einzeln zum Putzen aus dem Stall, aber dabei trennten es lediglich ein paar Gitterstäbe von den anderen. Jetzt war alles fremd für Barny. Er stand angebunden im Stall, und die Herde befand sich draußen auf der Weide. Er hatte Blickkontakt, und die Distanz war auch nicht groß.

Aber für ihn war die Situation neu. Er war zornig, er war verwirrt und verärgert und machte seinen Unmut unmissverständlich klar. Klemens hielt sich zurück. Auch ich durfte Barny nicht zu nahekommen. Er schlug ganz gezielt nach mir aus. Dies kannte ich bei ihm nicht. Er hatte es anscheinend in der Herde gelernt. Er konnte seinem Gegenüber eindeutig klar machen, wenn ihm etwas nicht passte. Der Kleine war selbstbewusst geworden, und das war gut so. Aber er musste auch merken, dass ich noch immer der Chef war und dieses Verhalten mir gegenüber nicht duldete.

Selbstverständlich wusste ich, wie schwierig es für Barny war, die vorübergehende Trennung von seiner Herde zu akzeptieren. Und ich wusste ebenfalls, dass ein anderes Fohlen dies überhaupt nicht mitmachen würde. Wenn ich auch im ersten Moment etwas enttäuscht über Barnys Benehmen war, so hatte ich doch Verständnis und gab ihm etwas Zeit. Ich war geduldig, verwies ihn aber trotzdem in seine Schranken, doch immer fair und ohne ihm weh zu tun.

Es dauerte nur ein paar Minuten, bis er sich beruhigt hatte. Doch dann war er wieder fast so brav wie früher. Nun ließ er sich bedenkenlos überall anfassen. Ich begann ihn zu putzen. Vorsichtig bürstete ich den Koppeldreck aus seinem langen, dichten Winterpelz. Er schien es sichtlich zu genießen. Geduldig wartete er ab, bis ich ihn auf Hochglanz poliert hatte. Jedes Krümelchen wurde aus dem Fell herausgeholt. Den Schweif und die Mähne trennte ich solange auf, bis die einzelnen Härchen locker und leicht im Wind wehten.

Am liebsten mochte Barny es, wenn er von Klemens und mir gleichzeitig betüddelt wurde. Lediglich das Auskratzen der Hufe erwies sich nochmals als kleine Herausforderung. Aber auch hier zeigte er sich schnell wieder kooperativ. Seine anfänglich schlechte Laune konnte ich ihm weiß Gott nicht übelnehmen.

Da Barny jetzt so umgänglich war, traute ich mir zu, ihn mit hinaus ins Freie zu nehmen. Ich band ihn los und führte ihn aus dem Stall. Hier draußen blies wieder der eisige Wind. Barny störte dies nicht. Er war jedoch sehr nervös, so ganz alleine draußen auf dem Hof, ohne Blickkontakt zu seinen Kameraden. Trotzdem benahm er sich vorzüglich. Er lief vertrauensvoll mit uns überall hin und unternahm nicht einmal den Versuch sich loszureißen.

Wir ließen ihn am Wegrand grasen. Außerhalb der Weide gab es im Gegensatz zu den inzwischen kahlgefressenen Koppeln noch viel Gras. Barny freute sich über die zusätzliche Gelegenheit, an frisches Grün zu kommen. Von hier konnte er auch wieder seine Freunde sehen.

Dennoch war ihm die ungewohnte Situation nicht ganz geheuer. Er fraß hektisch und beobachtete immer wieder die anderen Fohlen auf der Koppel. Ich glaube, Barny war froh, als wir ihn erlösten und ihn wieder zu seinen Kameraden brachten. Als ich ihm das Halfter abnahm, galoppierte er sofort freudig zu seiner Herde. Außerhalb war er brav und diszipliniert gewesen. Doch nun war er glücklich, wieder bei seinen Freunden zu sein.

Paula war zwischenzeitlich nach Hause gekommen. Wir unterhielten uns eine Zeitlang mit ihr. Begeistert erzählte ich, wie stolz ich auf Barny war. Das war ich wirklich! Meine anfängliche Enttäuschung über Barnys Missmut musste ich vergessen. Ich wusste ganz genau, was das für eine Leistung gewesen war, die er heute vollbracht hatte. Sicherlich hätte keines der anderen Fohlen das alles so brav mitgemacht. Das bestätigte mir auch Paula.

Eines hatte mir Barny ganz deutlich in den letzten Stunden vermittelt: Er hatte sich eingelebt. Es ging ihm gut, und er fühlte sich wohl. Er hatte einen festen Platz in der Herde und hatte neue Freunde gefunden. Nun war er dort zu Hause. Was gab es Schöneres! Barny bestätigte mir nochmal: Die Entscheidung, ihn hierher gebracht zu haben, war richtig gewesen.

Auch wenn ich wusste, Barny ginge es hier gut, wollten Paula und ich weiterhin in Kontakt bleiben. Wir vereinbarten, mindestens einmal pro Woche zu telefonieren. Und ich freute mich schon auf neue Geschichten von meinem kleinen Professor.

Etwas traurig und mit dem Bewusstsein, dass ich Barny längere Zeit nicht mehr wiedersehen würde, verabschiedete ich mich von ihm.

Auf der Rückfahrt schlug meine Stimmung bald wieder ins Positive um. Ich dachte an die schönen Stunden, die ich mit meinem Liebling hatte verbringen dürfen. Es wurde mir bewusst, was er für Fortschritte in der letzten Zeit gemacht hatte. Das war natürlich nicht zuletzt Paulas liebevoller Pflege zu verdanken. Seit der Trennung von Luana waren erst wenige Wochen vergangen. Doch wenn man nun Barny in seiner neuen Umgebung zwischen seinen Kameraden so selbstbewusst und gereift erlebt hatte, konnte man sich überhaupt nicht mehr vorstellen, wie klein und hilflos das neugeborene Fohlen vor acht Monaten gewesen war.

Vor meinem geistigen Auge spielten sich die Bilder und Geschichten von seiner Geburt und seinen ersten Lebenswochen ab. Ich erinnerte mich an die aufregenden Erlebnisse mit ihm, an meine Sorgen und die vielen schlaflosen Nächte,

die er mir bereitet hatte, aber natürlich vor allem an die unzähligen schönen Stunden, die wir
miteinander verbringen durften. Und ich malte
mir aus, wie gut und erfolgreich sein weiterer
Lebensweg verlaufen wird.

„Mein lieber Inspector Barnaby,
ich wünsche dir für deine Zukunft alles Gute,
ein langes und glückliches Leben,
saftige, grüne Wiesen,
viel Platz zum Galoppieren,
Artgenossen zum Spielen und
Menschen, die dich stets als Freund betrachten."

Zeitfracht Medien GmbH
Ferdinand-Jühlke-Straße 7
99095 Erfurt, Deutschland
produktsicherheit@kolibri360.de